GUIDA ALL'APERTURA DELLE SERRATURE A PISTONCINI CON L'USO DEL GRIMALDELLO

Produzione e editoria:
Books on Demand GmbH, Norderstedt, Germania

ISBN: 978-3-7448-7369-7

1.Auflage

Questo libro è stato tradotto in base alla lingua inglese libro Guida di lockpicking di Teodoro T.Tool.

GUIDA ALL'APERTURA DELLE SERRATURE A PISTONCINI CON L'USO DEL GRIMALDELLO

Sommario

Piccola premessa

GUIDA ALL'APERTURA DELLE SERRATURE A PISTONCINI CON L'USO DEL GRIMALDELLO

GUIDA ALL'APERTURA DELLE SERRATURE A PISTONCINI CON L'USO DEL GRIMALDELLO

Premessa:

Non tutti hanno una padronanza sufficiente della lingua inglese, nella quale è stato scritto, in origine, questo interessante manuale (http://www.lysator.liu.se/mit-guide/MITLockGuide.pdf), ma l'ostacolo maggiore da superare, nell'una o nell'altra lingua, è il gergo tecnico, appartenente al mondo dei serraturieri e, più in generale, a quello della meccanica, che ne rende ardua la comprensione.

Ne esiste una traduzione in francese (http://www.ssdev.org/lockpicking/MIT_F/crochetage.html), ma l'ostacolo maggiore da superare, nell'una o nell'altra lingua, è il gergo tecnico, appartenente al mondo dei serraturieri e, più in generale, a quello della meccanica, che ne rende ardua la comprensione.

E' per tale motivo che ho deciso di tradurre in italiano questo trattato, onde renderlo comprensibile anche in questa lingua, soprattutto dopo aver rilevato che non esiste quasi nulla che tratti dell'arte di aprire le serrature tramite la manipolazione con grimaldelli, e con molta destrezza, in italiano.

Voglio aggiungere che, contrariamente a quanto potranno supporre certi "benpensanti", il presente manuale non vuol essere un aiuto a ladri o scassinatori, i quali hanno ben altre conoscenze della materia ed abilità atte a portare a termine i loro crimini.

GUIDA ALL'APERTURA DELLE SERRATURE A PISTONCINI CON L'USO DEL GRIMALDELLO

Come si legge nell'avvertenza posta in apertura, declino fin d'ora ogni responsabilità per l'eventuale uso illecito di ciò che si può apprendere leggendo quanto segue.

Ritengo, infatti, che la conoscenza delle "debolezze" di alcune

serrature ed i metodi per aprirle "con destrezza", abbiano l'unico scopo di rendere consapevoli gli utenti finali, ossia i consumatori, della scarsa sicurezza di alcune diffusissime serrature, come i modelli a cilindretti, spingendoli a preferire a queste, modelli più sicuri come, ad esempio, quelli a chiave non riproducibile (comunemente detti "a profilo europeo") ecc.(N.d.T).

GUIDA ALL'APERTURA DELLE SERRATURE A PISTONCINI CON L'USO DEL GRIMALDELLO

GUIDA ALL'APERTURA DELLE SERRATURE A PISTONCINI CON L'USO DEL GRIMALDELLO

Capitolo 1

Il segreto della manipolazione con i grimaldelli delle serrature è che è facile. Chiunque può imparare quest'arte.

La teoria della manipolazione è l'arte di sfruttare i difetti meccanici delle serrature. Vi sono un certo numero di concetti elementari e qualche definizione da conoscere, ma l'essenziale consiste in alcune astuzie che approfittano di difetti meccanici particolari o di caratteristiche specifiche delle serrature che vogliamo aprire. Questo manuale illustra tali idee.

I primi capitoli presentano il vocabolario e le informazioni di base concernenti certune serrature ed il modo di forzarle. Poiché è impossibile imparare a manipolare, aprire con un attrezzo diverso dalla chiave originale, le serrature, senza allenamento, un intero capitolo sarà consacrato ad una serie di esercizi scelti con cura per aiutarvi ad acquisire la pratica e l'abilità necessaria al tastamento ed alla manipolazione delle serrature.

Il manuale termina con una lista di difetti meccanici e caratteristiche di alcune serrature come pure le tecniche da usare per riconoscere i difetti in questione, al fine di pervenire all'apertura della serratura stessa. La prima appendice descrive come autocostruire gli utensili ed i grimaldelli. La seconda appendice presenta l'aspetto legale, in Italia, relativo al possesso e all'uso di tali attrezzi.

L'esercizio è fondamentale. Solo con la pratica si può imparare a riconoscere e sfruttare a proprio vantaggio i difetti meccanici di una serratura, esercitandosi tanto su un tipo specifico, quanto su un gran numero di marche e modelli diversi. Chiunque può imparare come aprire le serrature di un ufficio o un lucchetto, ma la capacità di aprire rapidamente la maggior parte delle serrature comporta molto allenamento. Prima di entrare nei dettagli delle serrature a pistoncini e nelle relative tecniche di manipolazione, bisogna

GUIDA ALL'APERTURA DELLE SERRATURE A PISTONCINI CON L'USO DEL GRIMALDELLO

precisare che questo non è il solo modo per aprirle (escludendo,

ovviamente, l'uso delle chiavi: troppo banale! N.d.T.), tuttavia è la soluzione più discreta poiché non causa alcun danno, al contrario delle tecniche brute di scassinamento.

GUIDA ALL'APERTURA DELLE SERRATURE A PISTONCINI CON L'USO DEL GRIMALDELLO

Capitolo 2

In effetti, è spesso più facile scardinare o contorcere i meccanismi interni di riferma del chiavistello o altre parti della porta o aggirare del tutto l'ostacolo introducendosi attraverso un altro passaggio, che non aprire, con destrezza, la serratura.

Questo capitolo presenta il funzionamento di base della serratura detta a "pistoncini" o a "cilindretti" (d'ora in avanti questa serratura sarà indicata indifferentemente nei due modi N.d.T.) ed il vocabolario utilizzato in questo manuale. I termini usati per descrivere le serrature e le parti che le compongono variano fra i diversi fabbricanti e, a volte, fra una regione e l'altra pertanto, anche se voi conoscete già i principi di funzionamento delle serrature, sarà bene che osserviate egualmente il disegno 2,1 allo scopo di comprendere i termini che saranno utilizzati in seguito.

Nota: Sono stati utilizzati, come riferimento, i migliori dizionari reperibili, francesi ed inglesi, specifici per la meccanica.

Dovete sapere, in primo luogo, quali sono i meccanismi "fisici" che entrano in gioco quando una serratura viene aperta con la sua chiave e, allo stesso modo, dovete capire come una serratura "reagisce" al palpamento e alla manipolazione con i grimaldelli. Nei capitoli 3 e 5 tratteremo questo argomento completandolo con degli esempi.

GUIDA ALL'APERTURA DELLE SERRATURE A PISTONCINI CON L'USO DEL GRIMALDELLO

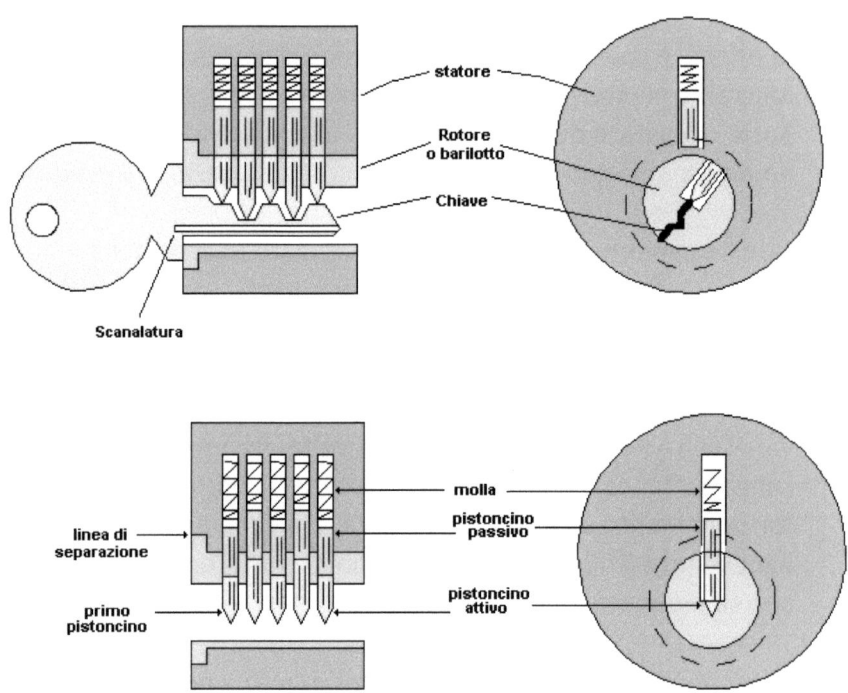

Disegno 2.1

Il disegno 2.1 presenta alcuni termini del gergo specifico dell'arte serraturiera che useremo.(già che c'ero, ho ritoccato un pò i disegni per renderli più chiari e ho aggiunto dei falsi colori per evidenziarne i componenti) La chiave viene inserita nella "toppa" che funge da ingresso al "rotore" o "barilotto".
Sul bordo della chiave (ci stiamo riferendo al modello a dentelli) sono presenti le "dentellature" che ne caratterizzano il profilo e le cui diverse forme, dette "varianti", determinano la chiave "giusta" per ogni serratura. (Naturalmente le chiavi hanno anche vari "profili", se viste di fronte, in modo da ottenere una prima

GUIDA ALL'APERTURA DELLE SERRATURE A PISTONCINI CON L'USO DEL GRIMALDELLO

"scrematura" che non permetta a qualunque chiave di entrare in ogni serratura, oltre a restringere lo spazio nel quale possa operare un grimaldello. N.d.T.).

Il barilotto o rotore è la parte mobile della serratura che può ruotare sul proprio asse quando la chiave con la giustadentellatura è inserita completamente. La parte fissa della serratura è denominata "cilindro" o "statore". Le coppie di pistoncini interni al rotore, che vengono allineati dai dentelli della chiave, sono indicati come "primo", "secondo" ecc. a partire dall'esterno della serratura, verso l'interno.

La chiave giusta solleva tutte le coppie di cilindretti fino ad allineare il punto di contatto fra ogni coppia con l'intervallo della "linea di separazione" fra lo statore ed il rotore. Solo quando questo allineamento è raggiunto il rotore (o barilotto) può girare all'interno dello statore, trascinando il meccanismo che provoca l'apertura della serratura. Al contrario, una chiave falsa solleverà qualche cilindretto in maniera inadeguata, nel rotore o nello statore, impedendone la reciproca rotazione

Nota: Glossario

Saranno usati i termini "pistoncini o cilindretti attivi" per i pistoncini interni al rotore poiché, effettivamente, questi sono a contatto con la parte "attiva" della chiave, la dentellatura. Saranno denominati "passivi" i pistoncini interni allo statore poiché subiscono "passivamente" l'azione di quelli "attivi"

Ogni coppia di pistoncini è alloggiata "incolonnata" in due cavità cilindriche che vanno, come un prolungamento l'una dell'altra, dal rotore allo statore. Sono spinti da una molla e la loro lunghezza è

GUIDA ALL'APERTURA DELLE SERRATURE A PISTONCINI CON L'USO DEL GRIMALDELLO

variabile. Di fatto, questa variabilità permette alla serratura di essere aperta solo dalla chiave giusta, avente cioè le incisioni dei dentelli, sul profilo, della giusta profondità. Una serratura a cilindretti è chiamata, talvolta, serratura a chiavistello "paracentrico".

Un chiavistello comporta una sola "stanghetta dormiente" di forma rettangolare che non può essere azionata che attraverso la rotazione della chiave o con la manovra del pomello interno.

Alcune serrature hanno un chiavistello con una estremità tagliata a " becco d'anatra" o ad "ancia", così da permettere di chiudere la porta semplicemente "tirandola".

GUIDA ALL'APERTURA DELLE SERRATURE A PISTONCINI CON L'USO DEL GRIMALDELLO

Capitolo 3

Per diventare un buon "manipolatore" avete bisogno di comprendere dettagliatamente il modo di funzionamento di una serratura e quali siano i differenti meccanismi che entrano in gioco quando viene "tastata" o "manipolata con un grimaldello".
Questo manuale presenta due diversi modelli modelli di serratura descrivendone dettagliatamente il funzionamento.
Questo capitolo presenta un modello che sottolinea l'importanza della posizione di ciascun cilindretto. Il capitolo 4 usa lo stesso modello per spiegare alcuni principi del "palpamento" mentre il capitolo 9 analizza alcuni difetti meccanici più complessi.

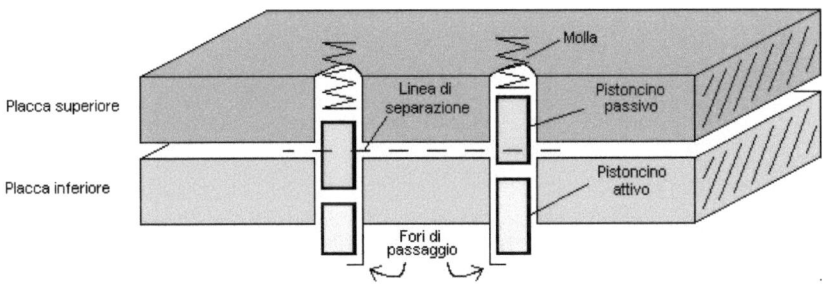

L'estremità superiore di ciascun pistoncino attivo deve essere allineata al punto di contatto fra le due piastre per consentirne l'"apertura". Una protuberanza situata sulla faccia inferiore della piastra di base impedisce ai pistoncini di cadere al di fuori delle piastre, e una molla posto in alto sulla piastra superiore poggia sul pistoncino passivo (il pistoncino superiore, viene definito "passivo" o "pistoncino di statore"

Il modello dimostrativo di serratura presentato nel disegno 3.1. non è la sezione di una vera serratura ma la schematizzazione molto semplificata di un meccanismo utilizzato per fini didattici ed ispirato

GUIDA ALL'APERTURA DELLE SERRATURE A PISTONCINI CON L'USO DEL GRIMALDELLO

ad una serratura di epoca romana. Il funzionamento di questa serratura si basa sull'impedire a due piastre metalliche di scivolare l'una sull'altra a meno che non sia stata inserita la chiave giusta. Il disegno mostra una serratura a due "pistoni". Due pistoncini sono posti in ciascun foro di passaggio in modo tale che l'interruzione fra detti pistoncini non si allinei con il punto di contatto fra le due piastre.

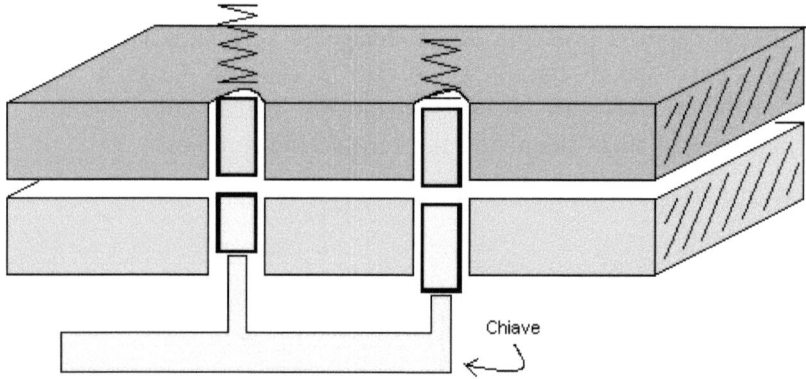

Se la chiave non è inserita, le due piastre non possono scorrere l'una sull'altra perché un tratto del pistoncino passivo attraversa il punto di congiunzione fra le due, bloccandole.

La chiave giusta, quando viene inserita, solleva i pistoncini finché il punto di congiunzione fra i due (rotore e statore) e il punto di separazione fra le due piastre, sono allineati (Vedi disegno 3.2).
In particolare, la chiave solleva simultaneamente i pistoncini (attivi e passivi) fino a che questi raggiungono la loro linea di separazione e poi la linea di separazione fra le piastre che in questo modo possono scivolare fra loro.
Il disegno 3,3 illustra in particolare una delle caratteristiche delle serrature che ci interessano in particolar modo. Esiste sempre un certo gioco fra le varie parti costituenti una serratura.
Effettivamente tutti i pezzi meccanici che debbano scorrere fra loro,

GUIDA ALL'APERTURA DELLE SERRATURE A PISTONCINI CON L'USO DEL GRIMALDELLO

devono essere separati da un piccolo spazio, un gioco, benché piccolissimo, che permetta a diverse chiavi, correttamente tagliate, di aprire la serratura. Si noti che il cilindretto di destra nel disegno 3.3, non si trova esattamente allo stesso livello di quello di sinistra, ciononostante la serratura si aprirà egualmente.

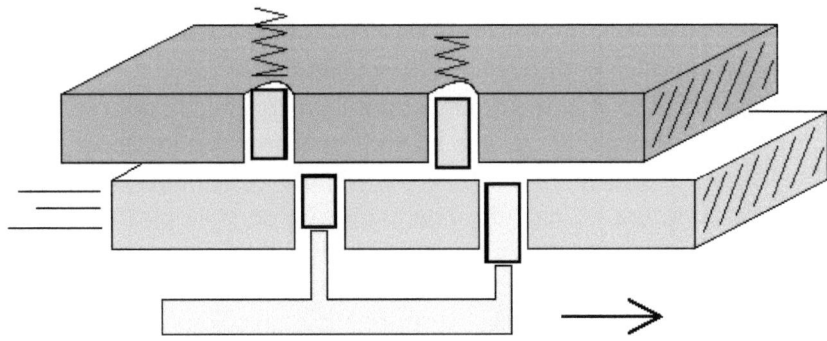

Capitolo 4

Il modello da dimostrazione evidenzia un difetto che permette la manipolazione: Il gioco meccanico. Questo permette di aprire una serratura attraverso il posizionamento dei pistoncini, con la palpazione, uno dopo l'altro, cosicché non è necessario che sia la chiave a sollevarli tutti contemporaneamente.

I disegni 4.1- 4.3 mostrano come i pistoncini di una serratura possano essere sollevati uno ad uno con il grimaldello. La prima fase di questa procedura consiste nell'applicare una forza traslatoria sulla serratura, spingendo longitudinalmente sulla piastra di base. Questa forza permette a uno o più pistoncini d'essere serrati fra le due piastre a causa del gioco meccanico.

Il difetto più classico delle serrature è che un solo pistoncino blocca l'apertura (lo slittamento) delle due placche. Nel disegno 4.1 si può notare che è il pistoncino di sinistra quello che blocca, pertanto, se così stanno le cose, si potrà spingerlo verso l'alto con un grimaldello di forma adatta alla palpazione ("palpeur" in francese, "pick" o "lifter" in inglese. N.d.T.) (Vedi disegno 4.2.).

Quando la cima del pistoncino attivo raggiunge la linea di separazione fra le due piastre, quella di base potrà scivolare leggermente di lato. Se il grimaldello viene tolto, il pistoncino resterà sollevato per accavallamento o sforbiciamento su quest'ultima mentre il pistoncino attivo ritornerà in basso nella posizione iniziale. Vedi disegno 4.3

Il lieve movimento della piastra di base causerà allora il bloccaggio di un nuovo pistoncino. Lo stesso procedimento potrà così essere usato per posizionare correttamente quest'ultimo.

GUIDA ALL'APERTURA DELLE SERRATURE A PISTONCINI CON L'USO DEL GRIMALDELLO

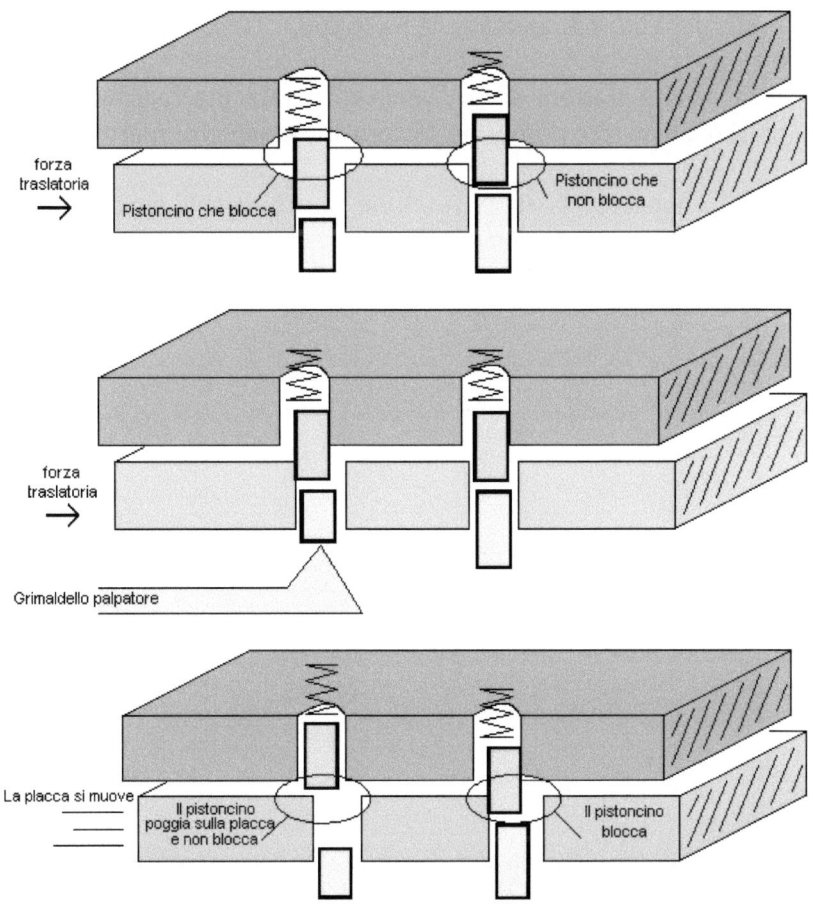

Riassumendo, la tecnica del palpamento pistoncino per pistoncino consiste nell'applicare la suddetta forza traslatoria (rotatoria, nel caso di una serratura a rotore), per scoprire quello che blocca di più e metterlo in posizione. Non appena la cima del pistoncino attivo raggiungerà la linea di separazione fra le piastre e sarà "al passaggio", la parte mobile della serratura si sposterà appena ed il

GUIDA ALL'APERTURA DELLE SERRATURE A PISTONCINI CON L'USO DEL GRIMALDELLO

pistoncino sarà "intrappolato per accavallamento" fra le piastre a livello della linea di separazione fra le due.

Il capitolo 9 tratterà delle diverse tolleranze meccaniche a causa delle quali un solo pistoncino blocca il movimento di apertura.

1. Applicare la forza rotatoria. 2. Trovare il pistoncino che blocca di più. 3. Spingere quest'ultimo verso l'alto finché si sente che raggiunge il punto di separazione. 4. Passare al secondo pistoncino e così di seguito.

GUIDA ALL'APERTURA DELLE SERRATURE A PISTONCINI CON L'USO DEL GRIMALDELLO

Capitolo 5

Le serrature di tipo didattico possono illustrare gli effetti che coinvolgono più d'un pistoncino, ma un diverso modello è essenziale per capire il funzionamento dettagliato d'un solo pistoncino (vedi disegno 5.1). Il modello con pistoncini "in colonna" evidenzia il rapporto esistente fra la forza rotativa da applicare e la forza da usare per sollevare ciascun pistoncino. E' fondamentale comprendere questa interdipendenza.

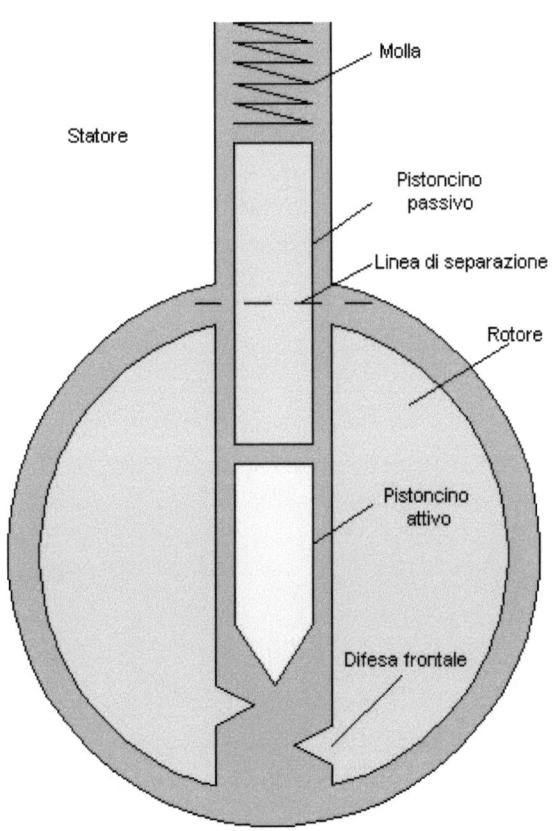

GUIDA ALL'APERTURA DELLE SERRATURE A PISTONCINI CON L'USO DEL GRIMALDELLO

Per capire la "sensazione" del "tastamento", devo chiarire in che modo viene provocato il movimento di ogni pistoncino attraverso la rotazione applicata dall'apposito attrezzo (chiamato grimaldello tensionatore o tensore) e, contemporaneamente, attraverso la spinta del grimaldello palpatore.

Un modo efficace di rappresentare questa interdipendenza è attraverso un grafico che indichi la pressione minima necessaria per spostare un pistoncino in funzione della posizione che deve assumere rispetto a quella iniziale. La parte restante di questo capitolo descrive il grafico delle forze da applicare ai modelli con pistoncini in colonna.

Il disegno 5,2 rappresenta la posizione di un pistoncino nel momento in cui una forza rotatoria è applicata sul rotore. Le forze in gioco sono: l'attrito del perimetro del pistoncino, la pressione delle molle sotto il meccanismo ed il contatto del pistoncino dal basso. La forza con la quale si preme il grimaldello palpatore, determina la spinta sul contatto stesso.

GUIDA ALL'APERTURA DELLE SERRATURE A PISTONCINI CON L'USO DEL GRIMALDELLO

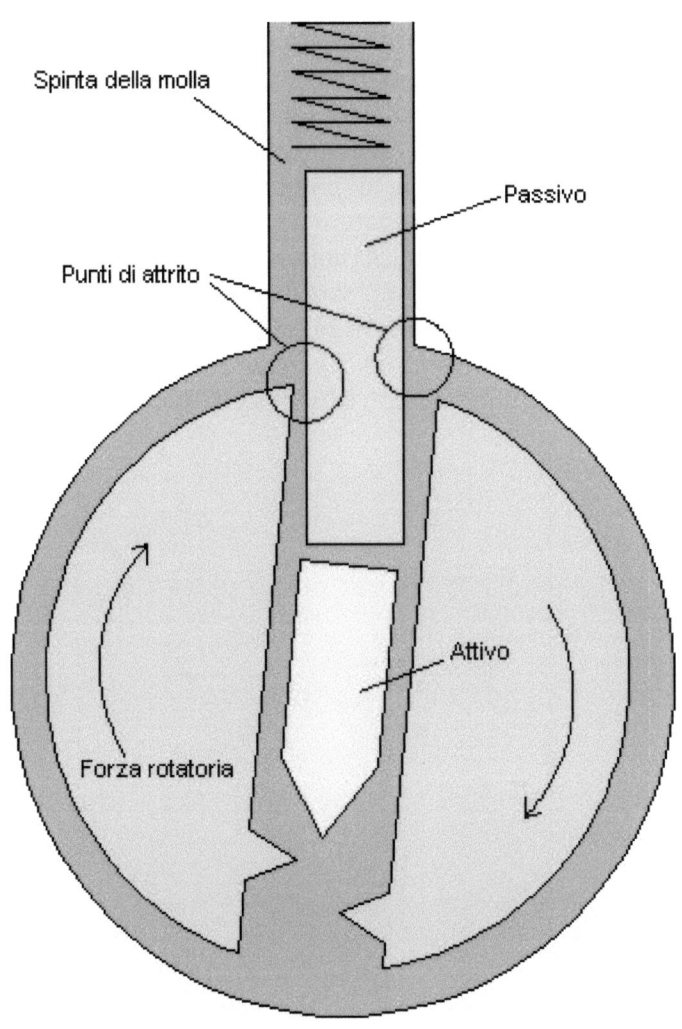

GUIDA ALL'APERTURA DELLE SERRATURE A PISTONCINI CON L'USO DEL GRIMALDELLO

La pressione delle molle aumenta man mano che i pistoncini vengono spinti nelle loro sedi, ricavate nel cilindro, ma tale aumento è minimo. Pertanto noi assumeremo che tale forza sia costante.

I pistoncini non si sposteranno a meno che non venga applicata abbastanza forza da vincere la resistenza delle molle. L'attrito, dovuto alla forza rotatoria, è proporzionale al modo in cui il pistoncino resta bloccato fra rotore e statore che è, in questo caso, legato anche all'entità della rotazione stessa. Più applicherete forza rotatoria al barilotto, più "duro" sarà il movimento dei pistoncini.

Per spostare un pistoncino dovrete, di conseguenza, applicare una spinta superiore alla somma della pressione delle molle più l'attrito causato dai pistoncini stessi con il fianco delle loro sedi.

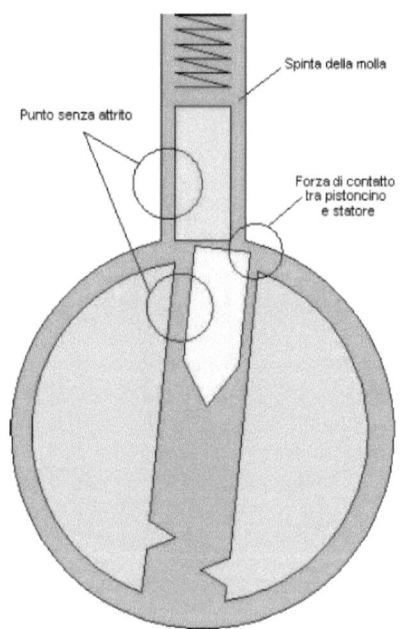

Spinta della molla

Punto senza attrito

Forza di contatto tra pistoncino e statore

Disegno 5.3

GUIDA ALL'APERTURA DELLE SERRATURE A PISTONCINI CON L'USO DEL GRIMALDELLO

Quando il pistoncino raggiunge la linea di separazione, la situazione cambia improvvisamente (vedi disegno 5.3). L'attrito cade ed il rotore gira leggermente (ma verrà subito bloccato da un altro cilindretto o pistoncino). Ora la sola forza in gioco è quella della molla.

Dopo che la sommità del pistoncino ha attraversato la linea di separazione fra il rotore e lo statore, aumenterà in modo notevole l'attrito fra pistoncino e statore. Sarà necessaria allora una maggiore spinta per spostarlo.

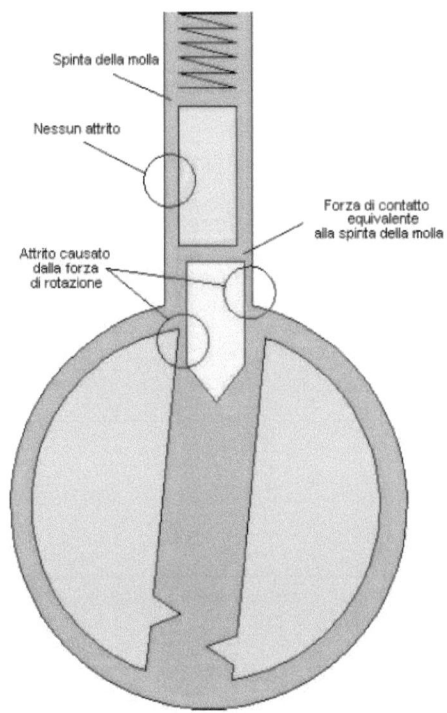

Spinta della molla

Nessun attrito

Forza di contatto equivalente alla spinta della molla

Attrito causato dalla forza di rotazione

Disegno 5.4

Disegno 5.4

GUIDA ALL'APERTURA DELLE SERRATURE A PISTONCINI CON L'USO DEL GRIMALDELLO

Se i pistoncini sono spinti più a fondo nel cilindro, fanno attrito, a loro volta, come nella la situazione iniziale (Vedi disegno 5.4). La spinta necessaria per spostarli da una parte all'altra della linea di separazione fra il rotore e lo statore, è approssimativamente la stessa.

Aumentando la forza di rotazione aumenta la spinta necessaria. A livello della linea di separazione, la resistenza aumenta enormemente e bruscamente, nel momento in cui il pistoncino entra in contatto con lo statore. Questa analisi è riassunta nel grafico 5.5.

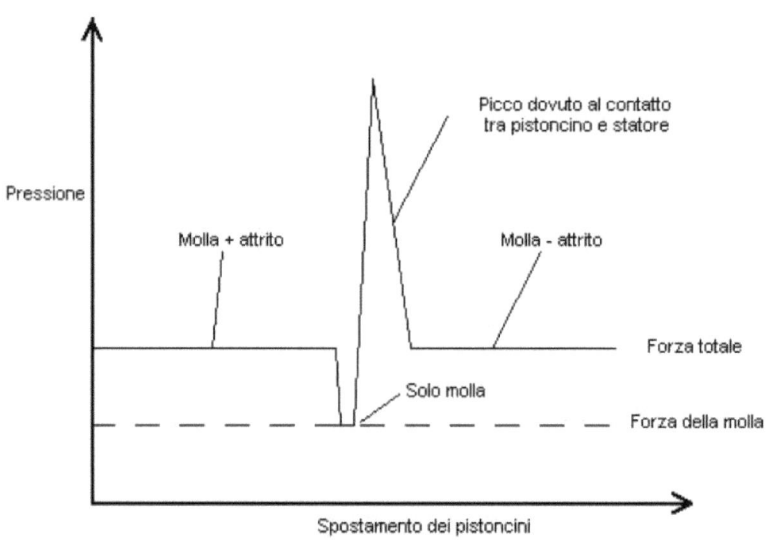

Disegno 5.5

Disegno 5.5

GUIDA ALL'APERTURA DELLE SERRATURE A PISTONCINI CON L'USO DEL GRIMALDELLO

Capitolo 6

A casa potrete prendervi tutto il tempo necessario per forzare una serratura ma, sul campo, la rapidità è sempre essenziale.

Questo capitolo presenta una tecnica di manipolazione chiamata "raschiamento" o "rastrellamento" che permette di aprire rapidamente un gran numero di serrature (il cosiddetto" racking " in inglese).

La prima tappa della tecnica di base (capitolo 4) è la localizzazione del primo cilindretto che blocca il rotore. Il diagramma delle forze presenti, (disegno 5.5) sviluppato nel capitolo 5 suggerisce una tecnica veloce per determinare quale cilindretto posizionare per primo.

Sappiate che tutti i cilindretti possono essere caratterizzati dal medesimo diagramma di forze. Questo fa supporre che fermino il rotore (o barilotto) rispetto allo statore, tutti nello stesso tempo e che subiscano lo stesso bloccaggio.

Consideriamo ora l'utilizzo di un grimaldello su tutti i cilindretti con una forza appena sufficiente a vincere la tensione delle molle e l'attrito, ma insufficiente per vincere l'arresto nel punto di contatto tra i cilindretti ed i fori nello statore.

Tutte le spinte superiori all'asse delle x del diagramma delle forze e inferiori all'estremità superiore, funzioneranno. Quando il grimaldello passerà su un cilindretto, questo si sposterà fino ad incontrare il foro dello statore, ma non entrerà nella sede ricavata nello stesso. (Si tenga presente che per comprendere queste descrizioni, è importante osservare i disegni, in questo caso, il n° 5.3).

La forza di rotazione applicata sulla linea di intersezione fra rotore (o barilotto) e statore, fa resistenza alla pressione del grimaldello, quindi sull'ultimo tratto del movimento del cilindretto attivo, impedendogli di entrare nella sede del foro dello statore.

Se, (con un secondo grimaldello N.d.T.) viene applicata una forza

GUIDA ALL'APERTURA DELLE SERRATURE A PISTONCINI CON L'USO DEL GRIMALDELLO

rotatoria adeguata, il rotore girerà leggermente. Non appena il grimaldello rilascerà i cilindretti che ha sollevato, quelli attivi torneranno alla posizione iniziale, mentre quelli passivi saranno fermati dal bordo del rotore (o barilotto) e rimarranno bloccati al disopra della linea di separazione fra la parte rotante e quella fissa. (Osservate il disegno n° 6.1.) In teoria un solo passaggio sui cilindretti potrebbe provocare la rotazione della serratura.

Il "rastrellamento"(il cosiddetto" racking " in inglese), permette di aprire rapidamente un gran numero di serrature.

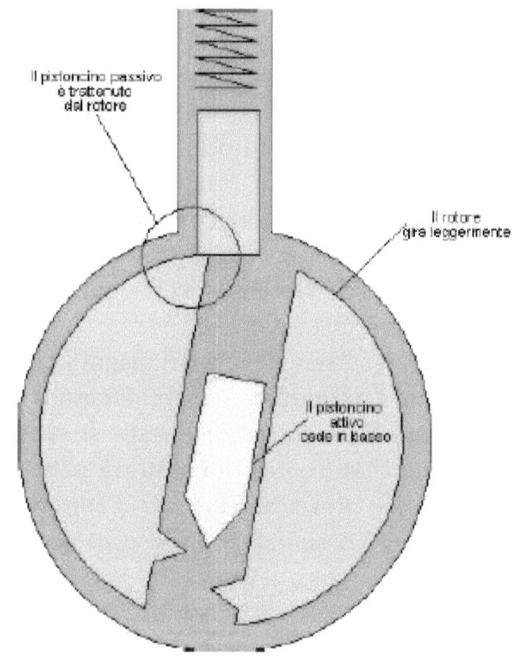

Il "rastrellamento"(il cosiddetto" racking " in inglese), permette di aprire rapidamente un gran numero di serrature.
Disegno 6.1

GUIDA ALL'APERTURA DELLE SERRATURE A PISTONCINI CON L'USO DEL GRIMALDELLO

Nella pratica però, solo uno o due cilindretti si posizioneranno al primo passaggio del grimaldello, pertanto saranno necessari più passaggi.

Insomma, dovete spostare rapidamente il grimaldello " raschiando " avanti e indietro sui cilindretti; tutto sta nel regolare la forza rotativa applicata con il secondo grimaldello al rotore. Con gli esercizi del capitolo 8 imparerete ad applicare la forza di rotazione e quella di "tastamento" ai cilindretti, in maniera adeguata.

Noterete presto che i cilindretti di una serratura hanno la tendenza a posizionarsi in un ordine particolare. Molti fattori possono determinare quest'ordine, ma la causa principale dipende da un disallineamento dell'asse del rotore con l'asse lungo il quale sono praticati i fori di passaggio dei cilindretti (vedi disegno 6.2). Se l'asse dei fori dei cilindretti è obliquo rispetto all'asse centrale del rotore, i cilindretti si posizioneranno da avanti verso dietro quando il rotore gira in un verso e in maniera opposta quando gira in senso inverso. Molte serrature presentano questo difetto (o, per meglio dire, questa debolezza N.d.T.).

GUIDA ALL'APERTURA DELLE SERRATURE A PISTONCINI CON L'USO DEL GRIMALDELLO

Basi del " raschiamento " o " rastrellamento "

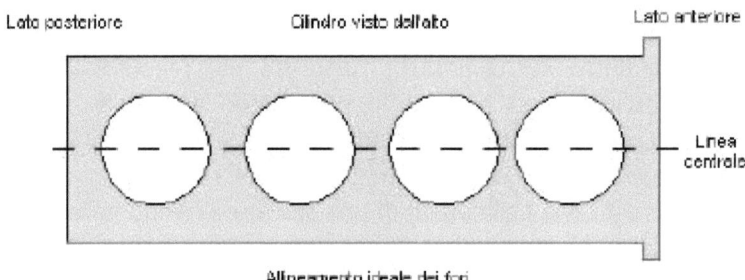

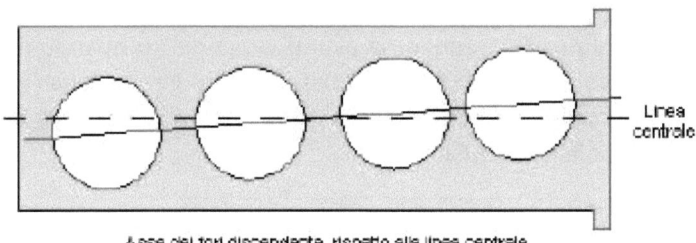

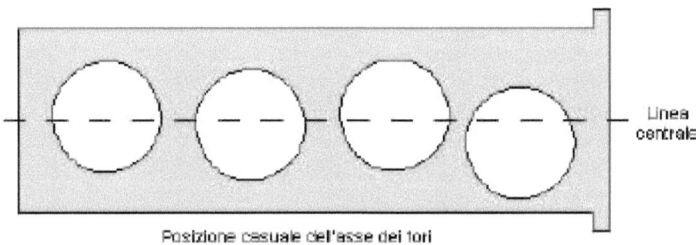

Disegno 6.2

Disegno 6.2

GUIDA ALL'APERTURA DELLE SERRATURE A PISTONCINI CON L'USO DEL GRIMALDELLO

NOTA: la differenza di diametro fra i fori di passaggio ed i cilindretti causano difetti d'isometria, la differenza d'allineamento dei fori, causano difetti di parallelismo. Le due tolleranze si combinano, sommandosi. Il "raschiamento" è il sistema più veloce perché non c'è bisogno di posizionare i singoli cilindretti. Vi sarà sufficiente soltanto trovare il verso di rotazione dello statore e la forza rotatoria adeguata da esercitare.

Il disegno 6,1 riassume le tappe della manipolazione col metodo del raschiamento. L'esercizio vi metterà in condizione di riconoscere quando un cilindretto è posizionato e come applicare una giusta forza rotativa. Se una serratura non si apre rapidamente con il "raschiamento", probabilmente è costruita con una delle caratteristiche descritte nel capitolo 9 e voi dovrete allora allineare singolarmente ciascun cilindretto con l'aiuto del grimaldello palpatore.

1.Inserite il grimaldello. Senza applicare rotazione, ritirate il grimaldello allo scopo di determinare la forza delle molle della serratura. 2. Applicate ora una leggera forza rotatoria (con un secondo grimaldello N.d.T.). Inserite il grimaldello senza toccare i cilindretti, poi ritraetelo applicando una leggera pressione che dovrà essere appena superiore al minimo necessario a comprimere le mollette di spinta dei cilindretti stessi. 3. Aumentate gradualmente la forza rotatoria a ciascun passaggio del grimaldello fino a quando i pistoncini cominceranno, uno alla volta, a posizionarsi. Mantenendo inalterata la torsione, muovete avanti e indietro il grimaldello sui pistoncini che non sono posizionati.

Se alcuni cilindretti continuano a non posizionarsi correttamente, provate a rilasciare la torsione ricominciando poi con l'imprimere al secondo grimaldello una torsione equivalente a quella del passo precedente. Una volta che la maggior parte dei pistoncini sono stati posizionati, aumentare la rotazione e "raschiate" i cilindretti con una pressione lievemente maggiore, ciò manterrà tutti i pistoncini in posizione bassa (a causa dei bordi smussati dei fori del rotore).

Capitolo 7

Le tecniche basilari della manipolazione/palpazione delle serrature, costituiscono un'arte che chiunque può imparare. Al contrario le tecniche avanzate necessitano di un'abilità, di una sensibilità ai meccanismi, di una grande destrezza, una concentrazione visiva ed infine un modo di ragionare analitico. Se vi allenerete spesso a manipolare serrature, farete rapidamente dei progressi e potrete quindi passare ai prossimi capitoli.

7.1 abilità meccaniche

Imparare come manipolare i pistoncini delle serrature può essere sorprendentemente difficile. Il problema sta nel fatto che l'abilità e la finezza motoria che avete acquisito in precedenza non comprende la capacità di mantenere, con le mani, una posizione fissa e nell'applicare una forza uniforme a lungo. Per manipolare i meccanismi delle serrature dovrete imparare ad applicare una forza continua ed uniforme, quale che sia la posizione delle mani, soprattutto nel momento in cui estrarrete il grimaldello fuori dalla serratura. Questo è il momento nel quale è fondamentale mantenere una pressione uniforme sui pistoncini. Il grimaldello deve "rimbalzare" dall'alto in basso nella serratura in funzione della resistenza di ciascun pistoncino.

Per aprire con destrezza la serratura, dovrete essere in grado di "sentire" gli effetti della manipolazione, ascoltando i rumori e le vibrazioni prodotti dal passaggio del grimaldello. Questa abilità non può essere acquisita altrimenti che con l'allenamento e la pratica che vi aiuteranno a raccogliere le informazioni essenziali che si sveleranno ai vostri occhi.

GUIDA ALL'APERTURA DELLE SERRATURE A PISTONCINI CON L'USO DEL GRIMALDELLO

7.2 Zen o l'Arte della manipolazione

Per eccellere nell'arte di aprire le serrature, dovete allenarvi a visualizzare e ricostruire mentalmente i movimenti interni della meccanica.

L'ideale è utilizzare le informazioni, le sensazioni, trasmesse ai vostri sensi, per costruirvi un'immagine mentale di ciò che accade all'interno della serratura mentre la "manipolate", per capire come i meccanismi "rispondono" alla vostra azione. Una volta che questa "immagine mentale" sarà divenuta automatica, vi sarà facile effettuare le giuste manovre che porteranno all'apertura della serratura.

Tutti i sensi contribuiscono a fornire informazioni sulla serratura. Se il tatto e l'udito sono fondamentali, altri sensi possono apportare utili informazioni; per esempio l'odorato potrà dirvi se i meccanismi sono nuovi o lubrificati di recente e, finché sarete principianti, avrete bisogno della vista per coordinare i movimenti, anche se, con il tempo, non avrete più bisogno di guardare la serratura che state tentando di aprire. Infatti, diverrà abituale chiudere gli occhi per concentrarvi sulle sensazioni uditive e tattili.

Questo è, infatti, l'obiettivo di queste tecniche di visualizzazione mentale: estraniarvi da tutto ciò che può distrarvi dalle sensazioni utili, senza che la concentrazione stessa diventi una "forzatura".

7.3 Pensare in modo analitico

Ogni serratura ha delle caratteristiche peculiari che la rendono più o meno facile da aprire. Imparando a riconoscere e a sfruttare a vostro vantaggio le "particolarità" di ogni serratura, l'apertura con il grimaldello diverrà più facile e rapida.

Si tratta, in effetti, di analizzare la reazione, la risposta, della serratura alla manipolazione, di diagnosticare il suo "carattere" usando l'esperienza per determinare il miglior approccio per

GUIDA ALL'APERTURA DELLE SERRATURE A PISTONCINI CON L'USO DEL GRIMALDELLO

pervenire allo scopo. Il capitolo 9 tratta di un gran numero di "caratteristiche classiche" da sfruttare a vostro favore.

Molta gente sottostima le caratteristiche analitiche da mettere in opera durante la manipolazione di una serratura ritenendo, semplicemente, che sia il grimaldello ad aprire la serratura. Un attrezzo passivo che fa girare il rotore.
Permettetemi di presentare un diverso approccio alla situazione: il grimaldello palpatore spinge semplicemente sui pistoncini, allo scopo di trasmettere delle informazioni sulla serratura. Sulla base di queste, la forza applicata con il grimaldello di rotazione è dosata per mantenere i pistoncini in posizione allineata, ed è questo che fa ruotare la serratura, aprendola.

Variare la forza di rotazione mentre il grimaldello va e viene nella serratura, è un'astuzia che può essere generalmente usata per venire a capo di alcune manipolazioni particolarmente difficoltose. Per esempio: se i pistoncini centrali sono ben posizionati, ma non lo sono quelli posteriori, potete provare ad aumentare la forza rotatoria quando il grimaldello passa sui pistoncini centrali. Ciò ridurrà il rischio di spostare quelli correttamente posizionati. Se un pistoncino non sembra muoversi sufficientemente al passaggio del grimaldello palpatore, sarà opportuno ridurre la forza rotatoria al prossimo passaggio.

L'abilità a dosare la forza quando il grimaldello si sposta, esige una fine coordinazione delle due mani, ma più "visualizzerete" il processo di "palpazione" della serratura, più padroneggerete questa importante tecnica.

GUIDA ALL'APERTURA DELLE SERRATURE A PISTONCINI CON L'USO DEL GRIMALDELLO

Capitolo 8

In questo capitolo sono presentati una serie di esercizi che vi aiuteranno ad acquisire l'abilità necessaria alla manipolazione. Alcuni sono finalizzati all'apprendimento di tecniche speciali, altri a familiarizzare con la coordinazione dei movimenti.

Mentre farete questi esercizi, concentratevi sulla finezza e precisione dei movimenti, e non sull'apertura della serratura. Se, al contrario, vi concentrerete sull'apertura di questa, rischierete di rimanere frustrati e di arrestare i vostri progressi. L'obiettivo di ogni esercizio è di apprendere qualcosa di specifico intorno alla serratura che state manipolando e di saperne di più sulle vostre stesse capacità. Se una serratura finisce per aprirsi, provate a ricordare cosa avete fatto e sentito subito prima del successo.

Gli esercizi dovranno essere praticati per brevi periodi, poiché ritengo che dopo mezz'ora di lavoro le vostre dita saranno dolenti e che voi abbiate perduto la capacità di concentrazione.

8.1 Esercizio1: Far "saltellare" il grimaldello

Questo esercizio permette di imparare come applicare, con il grimaldello palpatore, una forza uniforme sui pistoncini, indipendentemente da come questi ultimi si spostano nella serratura. In effetti, si tratta di vedere in che modo far "saltellare" il grimaldello dall'alto in basso estraendolo dal rotore, in funzione della resistenza offerta da ciascun pistoncino.

Il modo con cui tenete il grimaldello ha un notevole effetto sulla facilità ad applicare una pressione uniforme; infatti, dovete tenerlo in modo che tutto il lavoro sia effettuato dalle dita e dal polso, poiché coinvolgendo il gomito e la spalla, i movimenti non avranno

GUIDA ALL'APERTURA DELLE SERRATURE A PISTONCINI CON L'USO DEL GRIMALDELLO

una sufficiente finezza per aprire una serratura.

Un modo corretto di tenere il grimaldello è usando due dita per fornire un punto di appoggio, mentre un terzo dito fornisce la pressione opportuna. Quali dita usare, è una questione di sensibilità personale.

Un altro modo è tenere il grimaldello come fosse una matita; in questo caso sarà la mano a fornire la forza per la palpazione, mentre il gomito e la spalla forniranno quella per il movimento di va e vieni del grimaldello. Non commettete l'errore di usare la sola mano per tutt'e due i movimenti.

Un buon sistema per allenarsi a "sentire" i movimenti del grimaldello è muoverlo su e giù, ruotando, sui pistoncini di una serratura già aperta; questi ultimi non potranno essere spinti verso il basso, quindi il grimaldello si adatterà alla loro altezza.

Provate a sentire i pistoncini scattare, mentre muovete rapidamente il grimaldello. Sarà proprio questo ticchettìo a darvi la sensazione giusta quando un pistoncino sarà correttamente posizionato.

Se un pistoncino sembra posizionato, ma non ticchetta, vuol dire che non è in posizione corretta; questo problema può essere risolto spingendo ancora sui pistoncini per posizionarli diversamente o diminuendo la forza rotatoria applicata con il secondo grimaldello fino a permette ai pistoncini di tornare alla posizione iniziale

Un ultimo consiglio: concentratevi sulla punta del grimaldello, senza seguire i movimenti del manico; visualizzate mentalmente il modo in cui muovete la punta sui pistoncini!

8.2 Esercizio 2: Pressione di manipolazione

Questo esercizio insegna quale gamma di pressioni possono essere applicate con un grimaldello. Inizialmente, spingete sui pistoncini solo mentre estraete il grimaldello dalla serratura. Una volta padroni della tecnica, provate ad applicare la spinta quando l'attrezzo si muove in maniera diversa all'interno del rotore.

Premete sul primo pistoncino con il bordo piatto del grimaldello, senza applicare alcuna forza rotatoria. La forza applicata dovrà essere appena sufficiente a comprimere la molla; in tal modo avrete un'idea della forza minima da applicare con il grimaldello. La pressione aumenterà man mano che premerete; cercate di percepire questo aumentare della resistenza.

Notate ora qual'è la sensazione mentre spingete sugli altri pistoncini, estraendo il grimaldello dalla serratura. Ricominciate mantenendo in posizione sia il grimaldello palpatore che quello tensionatore, ma senza applicare la forza rotatoria.
Estraendo il palpatore dalla serratura, applicate abbastanza forza da spingere ogni pistoncino che si trovi sulla traiettoria. Così facendo dovranno tutti reagire alle sollecitazioni.

Per meglio concentrarvi su queste sensazioni, cercate di contare il numero di pistoncini presenti nella serratura. Alcuni modelli per porta ne hanno da cinque a sette o più, mentre i lucchetti, generalmente, ne hanno solo quattro.

Per farvi un'idea della pressione minima che può essere applicata, usate il lato piatto del grimaldello per comprimere al massimo i pistoncini. A volte dovrete applicare questa pressione su un solo cilindretto per volta. Incontrando un nuovo modello di serratura, applicate questa procedura per determinare la resistenza alla compressione delle sue molle.

GUIDA ALL'APERTURA DELLE SERRATURE A PISTONCINI CON L'USO DEL GRIMALDELLO

8.3 Esercizio 3: Quanta forza rotatoria applicare

Con questo esercizio imparerete a determinare la forza rotatoria adeguata da applicare sul rotore. In effetti qui si dimostra l'interazione fra la forza rotatoria e la pressione sui cilindretti, descritta nel capitolo 5.

La forza da usare dovrà essere appena sufficiente a vincere l'attrito causato dalla rotazione del rotore (o barilotto) nello statore (o cilindro). Usate il grimaldello di rotazione per girare delicatamente il rotore finché si ferma. Notate quanto si muove prima d'essere bloccato da un pistoncino. La forza necessaria può anche essere notevole se la serratura è parzialmente grippata (se, per esempio, è stata lasciata esposta alle intemperie). Si noti che la forza rotatoria minima, per i lucchetti, deve superare la resistenza di una molla di ritorno messa fra il rotore ed il corpo monoblocco.

Per determinare la massima forza rotatoria applicabile, usate il lato piatto del grimaldello per far salire tutti i pistoncini e applicate una rotazione sufficiente per costringere questi a rimanere bloccati anche dopo che il grimaldello palpatore è stato estratto. Se a questo punto l'attrezzo rotatorio si piega, non potrete mantenere in posizione che alcuni cilindretti.

Esercitando una forza rotatoria eccessiva ed una esagerata spinta sui pistoncini, otterrete una situazione identica alla precedente. Il pistoncino sarà spinto troppo lontano, nello statore, e la forza rotatoria sarà sufficiente per mantenerlo in posizione, bloccando il tutto.

La forza rotatoria adeguata può essere determinata aumentandola gradualmente e praticando il "raschiamento" con il grimaldello, sui pistoncini. Alcuni di questi diverranno, allora, più "duri" da spingere. Modificate gradualmente la forza sul rotore finché alcuni pistoncini si posizioneranno. Sarà in questo momento che perderanno la loro elasticità. Ora, senza variare la forza, usate il grimaldello per muovere altri pistoncini con il "raschiamento" per vedere se altri si posizionano correttamente.l'errore più comune dei principianti è l'applicazione di una forza rotatoria eccessiva.

8.4   Esercizio   4:   Individuare   i   pistoncini correttamente posizionati

  Quando manipolate una serratura, è importante cercare di individuare i cilindretti ben posizionati.
E' possibile determinare questa situazione, notando che, in tale momento, la pressione della relativa molla di ritorno diviene più leggera (poiché quando il pistoncino supera la linea di separazione fra rotore e statore, avviene una lieve rotazione del barilotto che blocca la parte passiva del pistoncino (vedi disegno 2.1 e 6.1).
In questo modo la molla di ritorno non agisce più, dando la sensazione di un alleggerimento della stessa N.d.T.). Ciò significa che il pistoncino può essere compresso con una pressione leggera per una breve corsa, ma che questo diventa più duro superando un certo punto. (per chiarimenti, vedi il capitolo 6).
Quando rilascerete la pressione, il pistoncino ritornerà leggermente indietro mentre quelli non posizionati clicchetteranno se li sfiorate con il grimaldello. Cercate di percepire questo particolare ticchettìo.

Spostate il grimaldello cercando di stabilire se i pistoncini posizionati sono quelli sul davanti o sul fondo della serratura (o entrambi). Cercate di identificare esattamente quali sono correttamente posizionati, (ricordando che il primo è quello anteriore, quello toccato per primo dalla chiave).
La cosa più importante, nell'arte di manipolare le serrature, è l'abilità di capire quali sono i cilindretti correttamente posizionati (messi cioè nella stessa posizione nella quale andrebbero se

GUIDA ALL'APERTURA DELLE SERRATURE A PISTONCINI CON L'USO DEL GRIMALDELLO

sollevati dalla chiave N.d.T.). Quindi, lo scopo del presente esercizio è proprio quello di permettervi di acquisire una tale abilità.

Cercate anche di ripetere l'esercizio, facendo ruotare il cilindro nell'altro senso. Se i pistoncini anteriori si posizioneranno quando la rotazione è sinistrorsa, i pistoncini sul fondo si posizioneranno con una rotazione destrorsa, (vedi disegno 6.2 per capire questo particolare meccanico).

Per controllare quanti pistoncini sono posizionati, è sufficiente rilasciare gradualmente la forza di rotazione e contare i "click" prodotti dal loro ritorno in posizione di riposo (naturalmente questo significa perdere il loro posizionamento e dover ricominciare da capo! N.d.T.). Cercate inoltre di notare la differenza fra il "click" prodotto da un singolo pistoncino e quello prodotto da due simultaneamente. Un cilindretto che non era ben posizionato produrrà un "tic" diverso, secco, identificabile.

Cercate inoltre di esercitarvi variando la rotazione e la pressione applicata sui pistoncini, notando come una rotazione maggiore comporti una forza più grande per posizionare correttamente tutti i cilindretti, mentre una forza rotatoria eccessiva provocherà il bloccaggio degli stessi nello statore, impedendo ogni ulteriore tentativo di posizionarli.

Durante l'esercizio di manipolazione "casalingo", potete scuotere il cilindro al fine di stabilire, ad orecchio, quali pistoncini sono effettivamente posizionati e quali no, mentre, evidentemente, operando "sul campo" ciò non sarà possibile.

8.5 Esercizio 5: Proiezione

Mentre vi esercitate, cercate di visualizzare mentalmente cosa avviene all'interno della serratura. Non è certo obbligatorio visualizzare l'intero movimento meccanico, ma è sufficiente immaginare quali pistoncini si stanno posizionando e qual è la resistenza opposta da ciascuno di essi.

Un modo di costruire un'immagine mentale è quello di tentare di rammentare ogni sensazione e ciò che avviene un attimo prima che la serratura si apra. Quando una serratura "cede", non pensate "è fatta!" ma memorizzate "come" è successo.

Per questo esercizio è necessaria una serratura che possiate aprire con facilità. Ciò vi aiuterà ad affinare le vostre capacità di visualizzazione mentale, cosa fondamentale per arrivare alla "maestria" nell'arte della manipolazione.

Lavorate di grimaldello rievocando le sensazioni provate durante le aperture precedenti, ripetendo internamente ognuna di queste e paragonandole a quella del momento attuale.

Fondamentalmente, dovete "registrare un film mentale" dell'intero processo di manipolazione fino al successo, visualizzando ciascun movimento e ricreando una pressione ed una forza rotatoria adeguate. Mentre operate nuovamente la serratura cercate di riprodurre gli stessi movimenti.

Ripetendo più volte questo esercizio, imparerete ad effettuare movimenti sempre più fini, interpretando ogni vostra sensazione. Con la ripetizione visualizzerete con sempre maggior precisione il funzionamento della serratura e ricorderete le tappe principali dell'arte della manipolazione.

Ripetete l'esercizio fino a trovare la forza rotatoria minima necessaria all'apertura della serratura.

Capitolo 9

Ogni serratura ha un notevole numero di particolarità meccaniche e di difetti che facilitano o rendono più difficoltosa l'apertura. Se una serratura non reagisce al "raschiamento", probabilmente possiede una caratteristica che verrà spiegata nel presente capitolo.

Per aprire una serratura dovete, per prima cosa, diagnosticare le sue caratteristiche specifiche, applicando la tecnica appropriata. Gli esercizi aiutano a sviluppare la destrezza necessaria per riconoscere e sfruttare a vostro vantaggio le diverse particolarità.

9.1 Da quale parte girare?

E' estremamente frustrante passare molto tempo tentando di manipolare una serratura, per poi scoprire che stavate girando dalla parte sbagliata.

In tal caso il rotore girerà fino ad incontrare il finecorsa o ruoterà di 180 gradi finché i pistoncini passivi non entreranno nuovamente nel rotore (vedi paragrafo 9.11). Il paragrafo 9.11 spiega anche come far girare il rotore di oltre 180 gradi, se necessario per ritrarre completamente il chiavistello o catenaccio.

Quando il rotore gira nel verso giusto, dovete sentire un aumento della resistenza mentre la camma del rotore impegna la molla del chiavistello.

La direzione nella quale far girare il rotore, dipende dal meccanismo del catenaccio e non dalla serratura, ma c'è qualche regola generale da conoscere: la maggior parte dei lucchetti di buona qualità si aprono indipendentemente dal senso di rotazione, infatti potrete scegliere il verso che vi sembra più confortevole per l'uso del grimaldello.

Altri, non possono essere aperti che girando in senso orario.

GUIDA ALL'APERTURA DELLE SERRATURE A PISTONCINI CON L'USO DEL GRIMALDELLO

Le serrature a "doppio cilindro" si aprono, in genere, nel verso delle cerniere della porta. Le serrature a cilindro semplice seguono la stessa regola. (vedi disegno 9.1)
Le serrature inserite nelle maniglie delle porte si aprono, abitualmente, in senso orario, così come quelle da ufficio e quelle da schedario.

Incontrando un nuovo tipo di serratura o un diverso tipo di meccanismo, dovrete necessariamente provare a girare il rotore nelle due direzioni. Nella direzione giusta quest'ultimo sarà bloccato dai pistoncini e l'arresto sembrerà "morbido" se lo farete ruotare in maniera troppo decisa. Girando nella direzione sbagliata, il rotore sarà fermato da un pezzo metallico interno alla serratura, dando una sensazione di bloccaggio "duro".

GUIDA ALL'APERTURA DELLE SERRATURE A PISTONCINI CON L'USO DEL GRIMALDELLO

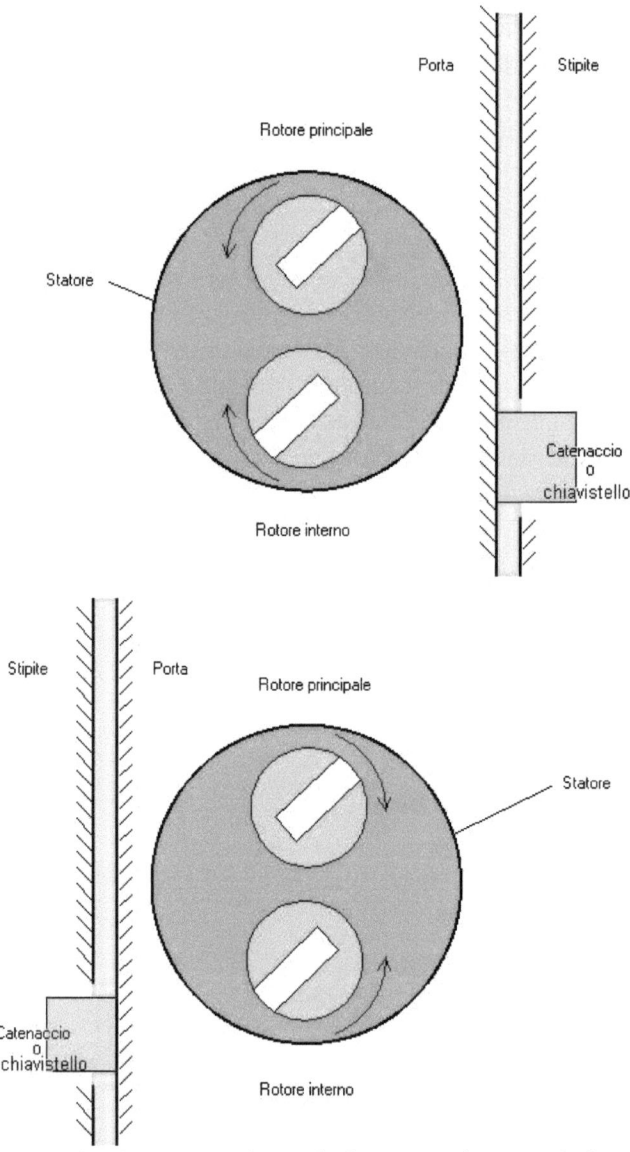

Disegno 9.1: Direzione verso la quale far girare il rotore (o barilotto)

GUIDA ALL'APERTURA DELLE SERRATURE A PISTONCINI CON L'USO DEL GRIMALDELLO

9.2 Fino a quando ruotare?

La domanda complementare a: "in che direzione far girare una serratura?" è: " Fino a quando farla ruotare?".
Le serrature da ufficio e quelle da schedario si aprono, in genere, con meno di mezzo giro (90 gradi). Al momento dell'apertura di una serratura da ufficio ricordate di evitare che il rotore rimanga in posizione aperta.
Anche le serrature montate all'interno delle maniglie, si aprono spesso con un mezzo giro mentre quelle non integrate alla maniglia necessitano di un giro completo.
Le serrature a chiavistello possono necessitare tanto di uno quanto di due giri completi. Far compiere ad una serratura più giri è difficile perché i cilindretti entreranno nuovamente nello statore, al termine di ogni nuovo giro, bloccandolo. Vedi il paragrafo 9.11

9.3 La gravità

Manipolare una serratura le cui molle si trovano in alto è cosa diversa da quando queste si trovano in basso. Evidentemente dobbiamo trattare i due casi separatamente. Il lato positivo di una serratura le cui molle sono poste in basso è che la forza di gravità tende a mantenere in basso anche i pistoncini. (nota: è questo il caso di alcune delle serrature dette "a profilo europeo")

Con i pistoncini che si posizionano, per gravità, fuori dalla zona di manipolazione è più facile trovare quelli che restano da posizionare ed è più agevole testare il leggero gioco di quelli già correttamente posizionati.
Quando invece le molle sono montate di sopra, la forza di gravità farà ridiscendere verso il basso i pistoncini dopo che quelli posizionati sono bloccati sopra la linea di separazione (stiamo parlando della parte attiva e di quella passiva dei pistoncini N.d.T.).

GUIDA ALL'APERTURA DELLE SERRATURE A PISTONCINI CON L'USO DEL GRIMALDELLO

In tal caso, potete identificare i pistoncini posizionati notando quali sono più facili da sollevare e quali non trasmettono elasticità. Quelli posizionati ticchettano al passaggio del grimaldello perché non sono spinti dalle molle, ma bloccati sopra la linea di separazione.

9.4 I cilindretti (o pistoncini) non posizionati

Se effettuate il raschiamento" su una serratura, ma i pistoncini non si posizionano nonostante variate la forza rotatoria, è successo certamente che qualche cilindretto si è mal posizionato, impedendo ai restanti di posizionarsi in modo corretto.

Immaginate una serratura i cui cilindretti necessitino di una manipolazione da avanti a dietro. Se l'ultimo pistoncino sul fondo è malposizionato verso l'alto o il basso (vedi disegno 9.2 e 9.3), il rotore non può girare abbastanza da bloccare in posizione corretta gli altri.

E' difficile sentire se un pistoncino sul fondo del barilotto è malposizionato perché la trazione di quelli anteriori rende difficile percepire la sensazione di leggero gioco, propria di un cilindretto posteriore correttamente posizionato. Il sintomo principale di questa situazione è che gli altri pistoncini si posizioneranno solo applicando una maggiore forza rotatoria.

In presenza di questa situazione, rilasciate la rotazione e ricominciate la manipolazione concentrandovi sui pistoncini posteriori. Provate con una rotazione leggera e una pressione di palpazione moderata o con una decisa forza rotatoria ed una pressione maggiore della punta del grimaldello.

Cercate di percepire il "click" prodotto da un pistoncino che raggiunge la linea di separazione ed il lieve spostamento del rotore. Il ticchettìo sarà più percepibile se userete un grimaldello di rotazione piuttosto rigido.

GUIDA ALL'APERTURA DELLE SERRATURE A PISTONCINI CON L'USO DEL GRIMALDELLO

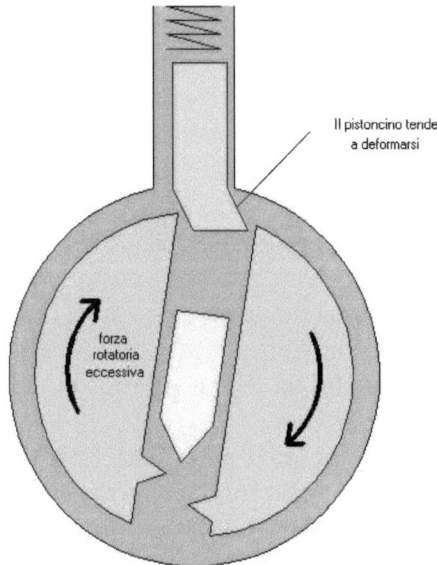

Disegno 9.2: Il pistoncino è malposizionato a causa delle deformazioni dovute all'elasticità del materiale.

9.5 Deformazioni dovute all'elasticità

Gli effetti delle tolleranze che interessano l'arte della manipolazione, si producono su dimensioni dell'ordine del centesimo di millimetro. Su tali ridotte distanze una forza minima è sufficiente a piegare il metallo, grazie alla sua elasticità, e quando la pressione verrà tolta, esso tornerà alla sua posizione iniziale.

Le suddette deformazioni elastiche, possono essere sfruttate a vostro vantaggio se volete forzare più pistoncini contemporaneamente. Per esempio, manipolare una serratura i cui pistoncini necessitino di essere posizionati a partire dal davanti verso il fondo, è un procedimento laborioso perché questi si posizioneranno ciascuno a suo turno.

GUIDA ALL'APERTURA DELLE SERRATURE A PISTONCINI CON L'USO DEL GRIMALDELLO

Ciò è particolarmente vero se applicherete la pressione solo estraendo il grimaldello. Ogni passaggio posizionerà solo il pistoncino anteriore, che si bloccherà, in tal modo saranno necessari molti altri passaggi del grimaldello perché tutti i pistoncini siano correttamente posizionati.

Se la priorità del senso non è molto importante (vale a dire che l'asse dei fori del rotore è leggermente obliquo in relazione alla linea centrale del barilotto), allora potrete posizionare alcuni altri pistoncini, a patto di applicare una maggiore forza rotatoria.

Da un punto di vista puramente meccanico, la rotazione esercita una torsione sul rotore che ha, come effetto, di deviare la parte anteriore di più della posteriore.

Effettuando una lieve rotazione, la parte posteriore del rotore resta nella posizione iniziale, ma applicando più forza o con una rotazione maggiore, i cilindretti anteriori bloccano a sufficienza da permettere alla parte posteriore del rotore di girare e dunque ai cilindretti posteriori di posizionarsi a loro volta.

Allo stesso modo, con una rotazione più accentuata, un solo passaggio del grimaldello può posizionarne più d'uno alla volta, cosicché la serratura può essere aperta rapidamente.

Tuttavia, una rotazione esagerata porta con se particolari problemi di bloccaggio.

Quando la rotazione è effettuata con eccessiva forza, i pistoncini anteriori e i fori nel rotore possono subire delle deformazioni fino al punto che non è più possibile posizionare correttamente i cilindretti. In particolare, il primo tende a malposizionarsi verso il basso.

Il disegno 9.2 mostra come una rotazione eccessiva possa deformare la base del pistoncino passivo, impedendogli di raggiungere la linea di separazione. Questa situazione può essere riconosciuta a causa della mancanza di gioco del pistoncino attivo.

Un pistoncino correttamente posizionato appare elastico quando viene compresso (tastato) leggermente, mentre uno malposizionato non possiede questa particolare elasticità. La soluzione consiste nello spingere con forza sul primo cilindretto, riducendo, nel contempo, leggermente la rotazione, ma senza esagerare, altrimenti, non appena sarà rilasciato il primo pistoncino, anche gli altri torneranno nella posizione di riposo.

E' anche possibile che la sommità del pistoncino si deformi, se questo rimane bloccato fra il rotore e lo statore. In tal caso è da considerare definitivamente malposizionato.

9.6 Rotore o barilotto avente gioco

Il rotore (o barilotto) è mantenuto nello statore (o cilindro) attraverso una lavorazione meccanica conica verso il davanti e tramite una camma o una rondella elastica sull'estremità posteriore, più grande del foro passante nello statore.
Se la camma, o la rondella elastica, non è costruita con tolleranza minima, il rotore può avere un leggero gioco ed anche spostarsi avanti e indietro nello statore. Introducendo il grimaldello e muovendolo da dietro verso avanti, questo movimento farà avanzare il rotore, mentre avverrà l'opposto se inserirete l'attrezzo facendo una leggera forza.

Il problema, con un rotore avente un po' di gioco, è che i pistoncini passivi si posizionano dietro ai fori di passaggio dei pistoncini attivi, piuttosto che sui lati di questi e, quando spingerete il rotore, tenderanno a ricadere. Potrete sfruttare a vostro vantaggio questo difetto, applicando semplicemente, durante il passaggio da dietro ad avanti del grimaldello, una pressione tramite un dito o con il grimaldello tensionatore (grimaldello che applica la forza di rotazione N.d.T.), impedendo così al rotore di avanzare.

9.7 Diametro dei pistoncini

Quando una coppia di pistoncini, nel canale cilindrico, ha un differente diametro, il "canale" reagisce in maniera anomala alla pressione del grimaldello.

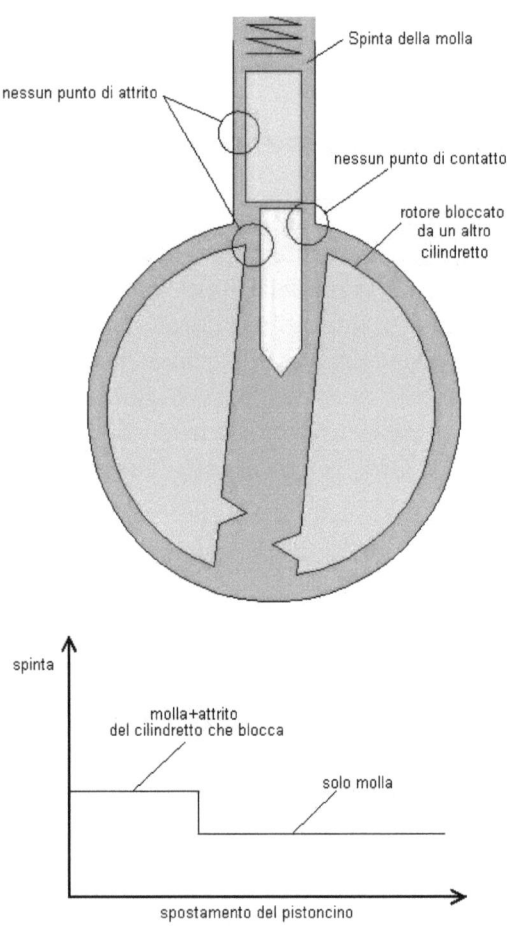

Disegno 9.3

GUIDA ALL'APERTURA DELLE SERRATURE A PISTONCINI CON L'USO DEL GRIMALDELLO

La metà superiore del disegno 9.3 presenta un canale dove il pistoncino passivo ha un diametro maggiore dell'attivo.

Quando i pistoncini vengono sollevati, la pressione del grimaldello incontra una resistenza causata dall'attrito e dalla spinta della molla. Una volta che il pistoncino raggiunge la linea di separazione fra statore e rotore, quest'ultimo ruota leggermente (finché un altro pistoncino lo blocca a sua volta). La sola cosa che si oppone a questo movimento è la forza della molla. Se il pistoncino è abbastanza piccolo ed il rotore non ha girato molto, il pistoncino può entrare nello statore senza sfregare con i bordi delle sedi ricavate entro quest'ultimo. Un altro pistoncino può bloccare a sua volta e, di nuovo, la sola resistenza sarà causata dalla molla. Il rapporto relativo è rappresentato nella metà inferiore del disegno 9.3. In un primo momento, i pistoncini sembreranno normali, poi la serratura "ticchetterà" e questi diverranno "elastici". Il pistoncino di diametro minore potrà essere spinto fino in fondo nello statore, senza perdere l'elasticità, ma appena la pressione del grimaldello viene rilasciata, il pistoncino attivo tornerà alla sua posizione iniziale, mentre il passivo, di diametro maggiore, si appoggerà al bordo del foro di passaggio nel rotore.

Il problema con un pistoncino passivo largo è che quello attivo tende a bloccarsi nello statore quando gli altri sono posizionati. Immaginate che un pistoncino vicino sia posizionato e che il rotore giri abbastanza da serrarne uno più sottile. Se il grimaldello poggia sul pistoncino di diametro minore e, nello stesso tempo, su uno posizionato, allora quello più sottile si troverà nello statore impedendo al rotore di girare.

Lo studio del comportamento di un pistoncino largo è lasciato al lettore come esercitazione.

9.8 Fori con i bordi tagliati ad ancia e pistoncini con la testa arrotondata

Alcuni fabbricanti di serrature (Yale, per esempio) tagliano ad ancia (ad ugnatura) i bordi dei fori di passaggio del rotore e/o arrotondano le estremità dei pistoncini. Ciò tende a ridurre l'usura dei meccanismi e può, nello stesso tempo, ostacolarne la manipolazione.

Potete riconoscere una serratura siffatta dal notevole gioco dei pistoncini posizionati. (Osservate il disegno 9.4).

Ciò è dovuto al fatto seguente: con i fori di passaggio del rotore così modificati o le estremità arrotondate dei pistoncini, la distanza all'altezza del bordo del foro di passaggio del rotore e l'altezza necessaria perché il pistoncino incontri lo statore è maggiore (a volte fino a circa 1,5mm!). Quando il pistoncino si sposta fra queste due altezze, la sola resistenza al movimento sarà la tensione della molla, non ci sarà attrito. Questo corrisponde alla parte decrescente del tracciato delle forze in gioco, visibile nel disegno 5.5.

GUIDA ALL'APERTURA DELLE SERRATURE A PISTONCINI CON L'USO DEL GRIMALDELLO

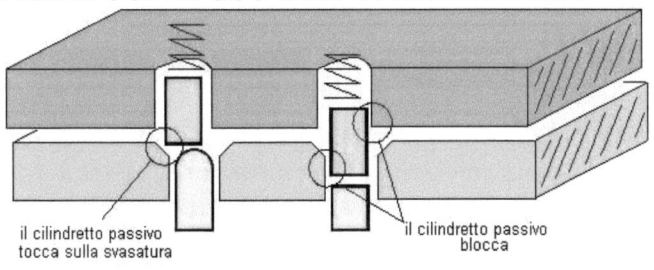

il cilindretto passivo tocca sulla svasatura

il cilindretto passivo blocca

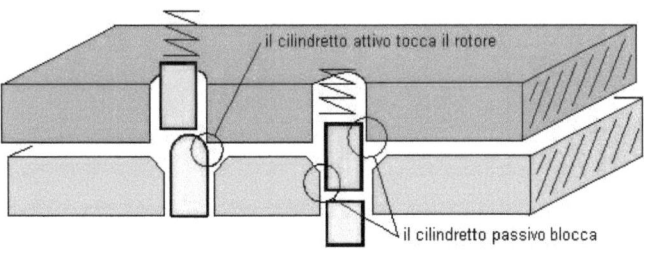

il cilindretto attivo tocca il rotore

il cilindretto passivo blocca

Disegno 9.4

Una serratura nella quale il rotore ha i fori di passaggio tagliati ad ancia, necessita di essere "raschiata" più a lungo di una che non ha questa caratteristica, perché il pistoncino passivo si posiziona sul bordo inclinato del foro di passaggio invece di posizionarsi sull'ingresso del foro del rotore. Quest'ultimo allora non girerà se uno dei pistoncini passivi è agganciato dal bordo inclinato di un foro di passaggio. In tal caso il pistoncino dovrà subire un nuovo "grattamento" dal grimaldello per essere spinto in alto e poter, infine, superare questa obliquità del bordo. Il pistoncino passivo di sinistra, nel disegno 9.5 è posizionato, e riposa sul bordo inclinato del foro di passaggio, mentre la placca inferiore si sposta, così da permettere al passivo di destra di serrare. Il disegno 9.6 evidenzia cosa succede quando il passivo di destra è posizionato. Se la placca inferiore scivola ancora più a destra, allora il passivo di sinistra resta

serrato fra la parte inclinata e la placca superiore. Per aprire la

GUIDA ALL'APERTURA DELLE SERRATURE A PISTONCINI CON L'USO DEL GRIMALDELLO

serratura, il passivo di sinistra deve essere spinto oltre la zona

inclinata. Una volta che il passivo è liberato, la placca di base può slittare ed il passivo di destra può, a sua volta, essere serrato contro il suo foro a bordi inclinati, di passaggio al rotore.

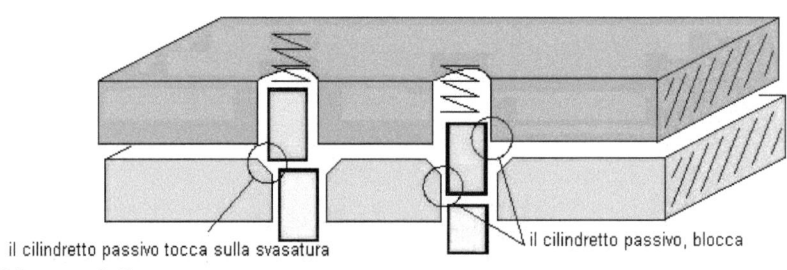

il cilindretto passivo tocca sulla svasatura   il cilindretto passivo, blocca

Disegno 9.5

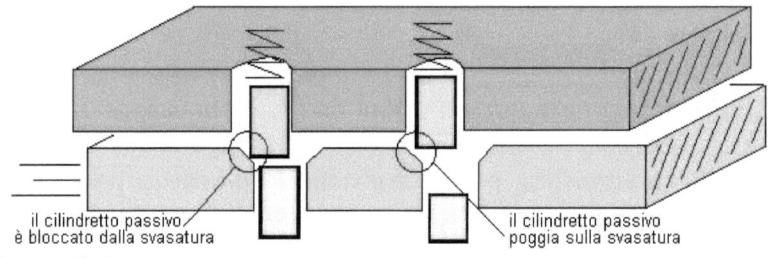

il cilindretto passivo è bloccato dalla svasatura   il cilindretto passivo poggia sulla svasatura

Disegno 9.6

Se vi capita di manipolare una serratura con i fori di passaggio a bordi inclinati, e tutti i pistoncini sembrano posizionati ma la serratura non si apre, provate a diminuire la forza di rotazione ed a continuare il "raschiamento". Infatti, riducendo la rotazione, sarà più facile spingere la parte passiva dei pistoncini oltre la zona inclinata dei fori di passaggio. Se alcuni di questi ricadranno alla posizione di riposo, cercate di aumentare in modo crescente la forza di rotazione e la pressione di manipolazione. Il problema è che accrescendo la (le) forza (forze) potreste bloccare qualche pistoncino nel cilindro.

GUIDA ALL'APERTURA DELLE SERRATURE A PISTONCINI CON L'USO DEL GRIMALDELLO

9.9 Pistoncini a "fungo" o "anti-manipolazione"

Un "trucco" generalmente usato dai fabbricanti serraturieri per rendere più difficile l'apertura con il grimaldello, è quello di inserire dei pistoncini passivi con una forma "modificata". Le forme "modificate" più comuni sono a "fungo", a "bobina" e a "dente di sega". Vedere il disegno 9.7.

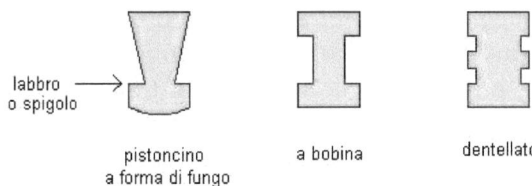

labbro o spigolo →

pistoncino a forma di fungo   a bobina   dentellato

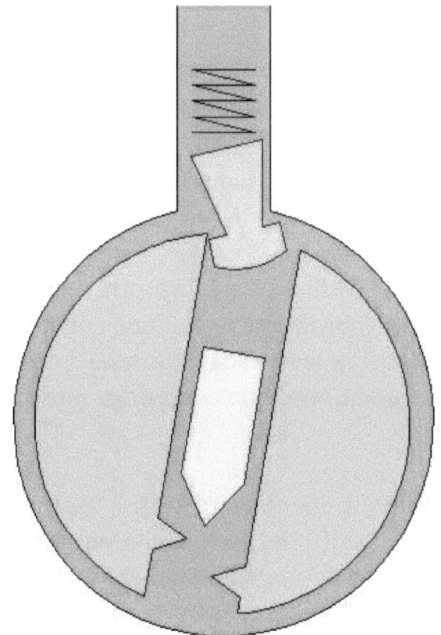

Disegno 9.7 pistoncini a "fungo", a "bobina" e "dentellati"

GUIDA ALL'APERTURA DELLE SERRATURE A PISTONCINI CON L'USO DEL GRIMALDELLO

L'obiettivo di questi pistoncini speciali è causare un falso posizionamento dei pistoncini. Tuttavia questi elementi passivi di forma diversa non impediscono l'applicazione di una tecnica denominata "manipolazione per vibrazione" (vedere il paragrafo 9.12) anche se quest'ultima complica leggermente il "raschiamento" e la manipolazione pistoncino per pistoncino (vedere il capitolo 4)

Se state manipolando una serratura ed il rotore si blocca dopo aver ruotato di qualche grado e alcuni pistoncini non risultano più manipolabili, probabilmente vi trovate di fronte ad una serratura "anti-manipolazione". In pratica, il labbro del passivo ha agganciato la linea di separazione (vedi la parte in basso del disegno 9.7).
Si possono trovare cilindretti a "fungo" o a "bobina", talvolta, nelle serrature a "codificazione" (o taglio della chiave) multipla, cioè, in pratica, quei modelli che permettono l'uso della chiave "passe partout".

Per riconoscere la posizione dei pistoncini a "fungo", applicate una leggera rotazione e premete ogni cilindretto. Quelli a "fungo" avranno la tendenza a mantenere il rotore in posizione bloccata. Spingendo la sommità di un pistoncino attivo contro la base inclinata di un passivo a "fungo", l'attivo si irrigidisce e, comunque, al rotore è impedito girare. Potrete, pertanto, utilizzare questa "reazione" per individuare le colonne con il "fungo". Spingete questi pistoncini fino alla linea di separazione, cercando di spostarli, dopo questa manipolazione, qualcuno degli altri andrà più facilmente in posizione.

Un altro modo di identificare tutti i "pistoncini fungo" e quello di usare il bordo piatto del grimaldello per spingere tutti i cilindretti a metà corsa. Questa procedura serve a metterne la maggior parte in posizione di "bloccaggio" permettendone l'identificazione.

GUIDA ALL'APERTURA DELLE SERRATURE A PISTONCINI CON L'USO DEL GRIMALDELLO

Utilizzate rotazioni leggere e pressioni forti, per aprire una serratura anti-manipolazione, evitando tuttavia di comprimere troppo i pistoncini nel cilindro.

Infatti, un'altro modo di manipolare queste serrature consiste nell'usare il bordo piatto del grimaldello per comprimere tutti i pistoncini, applicando una forte rotazione per mantenerli posizionati. Usate, a questo punto, il "raschiamento" per far vibrare i pistoncini, riducendo gradualmente la rotazione (riducendola, diminuisce l'attrito esercitato sui pistoncini). La vibrazione e la tensione di rotazione possono permettere ai pistoncini di slittare fino alla linea di separazione.

Il segreto per aprire una serratura con pistoncini passivi anti-manipolazione è di riconoscere quelli malposizionati. Un "fungo" posizionato sul suo labbro (vedi disegno 9.7, in alto) o sul suo "bordo anti-manipolazione) non ha l'elasticità di un pistoncino correttamente posizionato, ma sarà solo l'allenamento a consentirvi di riconoscere la differenza.

9.10 Le chiavi "passe partout"

Molte applicazioni serraturiere hanno bisogno di una chiave che apre una sola serratura cosi come di chiavi che aprano un insieme di serrature. Queste ultime sono denominate chiavi "passe partout" o chiavi "mastre". Per permettere a queste di aprire diverse serrature, il serraturiere aggiunge a qualche cilindretto un piccolo segmento chiamato "separatore" (vedere il disegno 9.8).

GUIDA ALL'APERTURA DELLE SERRATURE A PISTONCINI CON L'USO DEL GRIMALDELLO

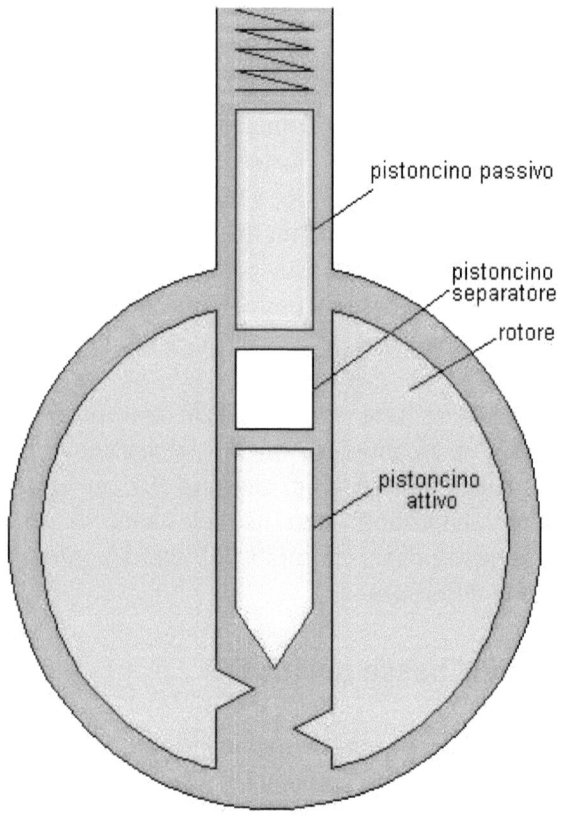

Disegno 9.8 cilindro dotato di pistoncino separatore, per la chiave "passe partout"

GUIDA ALL'APERTURA DELLE SERRATURE A PISTONCINI CON L'USO DEL GRIMALDELLO

Lo scopo del "separatore" è di creare due linee di separazione nella stessa colonna di pistoncini, allineabili con la linea di separazione fra rotore e statore. (allineamento con il quale il pistoncino permette la rotazione della chiave N.d.T.). Abitualmente la chiave "parziale" permette l'allineamento della parte superiore del "separatore" con la linea di separazione del rotore/statore, mentre la chiave "mastra" allinea la parte inferiore del "separatore" (allo scopo di impedire fraudolente modifiche di una chiave "parziale" per trasformarla in una "mastra").
In tutt'e due i casi il rotore può girare, muovendo il catenaccio.

In linea generale, i "separatori" rendono le serrature più facili da aprire (con il grimaldello), aumentando il numero di possibilità di mettere "al passaggio" ogni pistoncino. Nella maggior parte dei casi solo due o tre colonne di pistoncini sono dotate di "separatore" e sono identificabili grazie ai due "click" anziché uno, percettibili comprimendoli. Se il "separatore" ha un diametro più piccolo di quello del passivo e dell'attivo, spingendo sull'attivo quest'ultimo vi sembrerà molto elastico. Ciò a causa del fatto che il "separatore" non serrerà al momento di attraversare la linea di separazione. Abitualmente però il "separatore" ha un diametro maggiore del passivo e per questo aggancerà più facilmente il rotore.
Un aumento dell'attrito, permette di accorgersi del momento in cui il "separatore" attraversa la linea di separazione. Inoltre, se spingete il "separatore" più a fondo nel cilindro, un netto "click" vi avviserà che la sua parte inferiore ha varcato tale linea.

Un separatore troppo sottile può causare seri problemi: se applicate un forte rotazione ad un rotore con i fori di passaggio tagliati a ugnatura, il "separatore" può torcersi e bloccare sulla linea di separazione, così come può cadere nel foro di passaggio del pistoncino della serratura quando il barilotto ruota di 180 gradi. (per risolvere questo problema, fare riferimento al paragrafo 9.11)

GUIDA ALL'APERTURA DELLE SERRATURE A PISTONCINI CON L'USO DEL GRIMALDELLO

9.11 Un pistoncino passivo o un separatore entrano nel foro di passaggio

Il disegno 9.9 mostra come un "separatore", o un pistoncino passivo, possano entrare nel foro di passaggio della colonna dei pistoncini, quando il rotore gira di 180 gradi (infatti, nel canale di ingresso non c'è la chiave, che con la sua dimensione terrebbe al suo posto il "separatore" o il pistoncino passivo, ma il grimaldello, molto più sottile, che continuando a spingere sul pistoncino attivo, non tocca il "separatore" N.d.T.).

Potete impedire ciò mettendo il lato piatto del grimaldello nel canale di passaggio della chiave, dal lato del "separatore" prima di far girare troppo il rotore, respingendo la base del separatore nello statore. Potreste aver bisogno di muovere opportunamente il grimaldello tensionatore per controllare la "forza di incastro" che blocca il "separatore" o il pistoncino passivo. Se ciò non funziona, passate il lato appuntito del grimaldello sui pistoncini. In tal caso, però il "separatore" potrebbe cadere del tutto nel foro di passaggio del rotore, l'unica soluzione sarà, allora, di estrarlo. Un grimaldello a forma di gancio sarà l'attrezzo appropriato, a meno che il "separatore" non sia rimasto incastrato.

GUIDA ALL'APERTURA DELLE SERRATURE A PISTONCINI CON L'USO DEL GRIMALDELLO

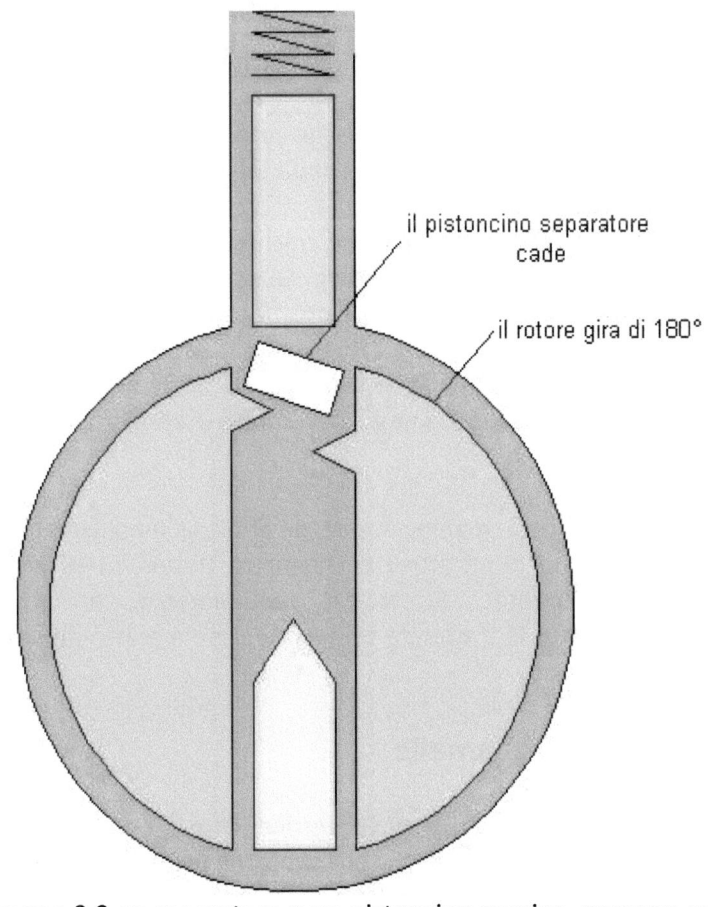

il pistoncino separatore cade

il rotore gira di 180°

Disegno 9.9 un separatore o un pistoncino passivo, possono cadere nel foro di passaggio

9.12 Manipolazione per vibrazione

La manipolazione tramite vibrazione funziona creando un vuoto sulla linea di separazione. Il principio di base sarà familiare a chi gioca a biliardo. Quando una biglia ne urta un'altra, con forza, la prima si ferma e trasmette alla seconda la sua traiettoria e la sua energia inerziale.

Immaginate ora un apparecchio che trasmetta un'onda d'urto alla sommità di tutti i pistoncini attivi. Questi ultimi trasferiranno l'energia ai passivi che andranno a posizionarsi rapidamente nello statore lasciandosi dietro uno spazio vuoto.

Se ora immaginiamo di applicare una leggera rotazione al barilotto, questi ruoterà quando tutti i passivi avranno attraversato la linea di interruzione.

Nota: questo tipo di manipolazione si effettua manualmente o, meglio, con l'aiuto di un attrezzo chiamato "pistola americana" o "grimaldello vibrante". Si tratta, naturalmente, di attrezzi funzionanti a batteria o tramite un meccanismo a scatto mosso da un grilletto.

9.13 Serrature a lamelle

Le serrature che chiudono certe vetrine, armadietti o schedari, sono dotate di lamelle metalliche che svolgono le stesse funzioni dei pistoncini, nelle serrature descritte fin qui. Il disegno 9.10 ne illustra il funzionamento di base.

Le lamelle hanno tutte il medesimo profilo esterno, ma ogni lavorazione meccanica interna è differente (le altezze delle finestre interne corrispondono ai tagli del dorso della chiave).

Queste serrature sono facili da aprire con un grimaldello di forma adatta. Infatti le lamelle sono vicine le une alle altre, pertanto un grimaldello a punta semicircolare è più adatto di uno a forma di

GUIDA ALL'APERTURA DELLE SERRATURE A PISTONCINI CON L'USO DEL GRIMALDELLO

"mezzo diamante" (vedi disegno A.1), potreste comunque aver bisogno di un attrezzo più sottile.
La forza rotatoria da applicare dovrà essere moderata, accentuandola di poco, se necessario.

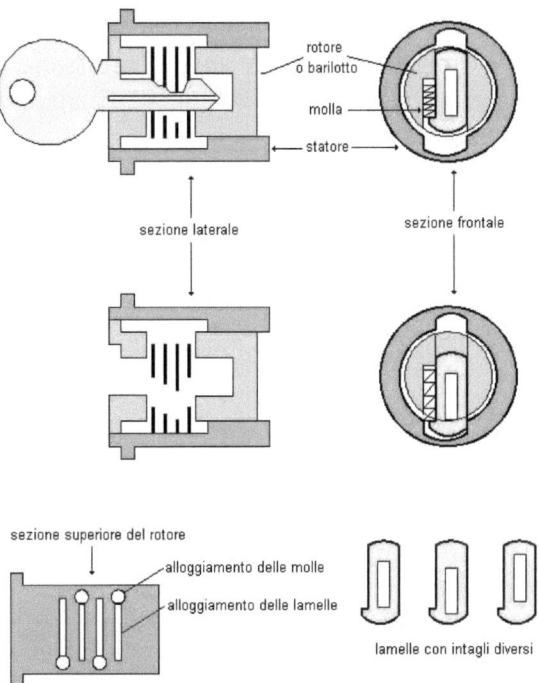

Disegno 9.10 funzionamento di una serratura a lamelle

Nota: Un grimaldello a "doppio tondo", unitamente al "raschiamento", sono particolarmente efficaci con questo tipo di serratura. Un tensionatore a "pinzetta" è il più adatto ad applicare la forza rotatoria poiché agisce contemporaneamente in alto ed in basso sul rotore, contrariamente al tensionatore classico che lo "aggancia" in un solo punto.

GUIDA ALL'APERTURA DELLE SERRATURE A PISTONCINI CON L'USO DEL GRIMALDELLO

Capitolo 10

L'arte della manipolazione è un'abilità, non una scienza; questo manuale ha mostrato le conoscenze tecniche ed i consigli, necessari per acquisire tale abilità. Ha inoltre fornito esempi ed esercizi da eseguire per aiutare a studiare un buon numero di serrature.

Per eccellere in questa arte, tuttavia, è necessario esercitarsi regolarmente e sviluppare un proprio "stile di manipolazione", non dimenticando che la tecnica migliore è quella che funziona meglio per le vostre mani.

GUIDA ALL'APERTURA DELLE SERRATURE A PISTONCINI CON L'USO DEL GRIMALDELLO

Appendice A

Questa appendice descrive come concepire e fabbricare voi stessi i grimaldelli:

A.1 Forme dei grimaldelli

I grimaldelli possono avere forme e dimensioni variabili. Il disegno A.1 ne presenta alcune fra le più classiche. Il manico e la lama di ognuno, sono identici; il primo dovrà essere dimensionato per una presa sicura, la seconda dovrà essere abbastanza sottile per evitare di azionare inutilmente dei pistoncini.

Tuttavia, se la lama è troppo sottile, avrà la tendenza a comportarsi come una molla e vi sarà il rischio di attenuare le sensazioni, trasmesse dalla punta dell'attrezzo, mentre agisce sui pistoncini.

La forma della punta del grimaldello, determina la precisione con la quale potrà agire sui pistoncini ed il tipo di reazione ottenibile da ciascuno di essi. Tale forma deve essere un compromesso(come tante altre cose, nella vita)fra la comodità di movimento nella serratura e la finezza dell'azione sui pistoncini. La forma a "mezzo diamante largo" risulta facile da introdurre ed estrarre dalla serratura e permette di applicare la pressione sui cilindretti quando il grimaldello si sposta in tutt'e due le direzioni. Può manipolare rapidamente una serratura i cui pistoncini differiscano poco, in lunghezza, fra loro, ma se la serratura ha una chiave dotata di mappature di varia altezza, alcune piuttosto profonde, un grimaldello con questa punta potrebbe non spingere a sufficienza il pistoncino centrale.

Al contrario, una punta a "mezzo diamante stretto" sarà meglio adattata a quest'ultima serratura e, in linea generale, darà un risultato più fine nell'agire sui pistoncini. Sfortunatamente però, un

GUIDA ALL'APERTURA DELLE SERRATURE A PISTONCINI CON L'USO DEL GRIMALDELLO

grimaldello siffatto è meno facile da manipolare nella serratura.

Un grimaldello con una punta ad angolo ottuso nell'estremità anteriore ed acuto nel lato opposto funziona a meraviglia con le serrature Yale.

I grimaldelli palpatori a punta "semicircolare", o a forma di "doppio tondo", sono particolarmente adatti alle serrature a lamelle (vedere il paragrafo 9.13).

I palpatori a "diamante" e "tondi" sono adatti alle serrature a lamelle in doppia fila. Quelli con la punta a "uncino" sono studiati

per allineare i pistoncini uno ad uno e possono anche essere usati per il "raschiamento", ma la pressione necessaria può essere applicata solo nella direzione da dietro in avanti. La cima ad uncino permette di sentire la reazione di ogni pistoncino con grande precisione e di modulare la forza applicata. Tale punta può essere piatta o variamente arrotondata in modo da poter meglio allineare il grimaldello con i pistoncini.

Il vantaggio principale di "tastare" i pistoncini uno ad uno è quello di evitare di scalfirne l'estremità e di rigare il canale di passaggio della chiave, lasciando una piccola quantità di limatura metallica un pò dovunque nella serratura.

Se, (per ragioni che non riesco proprio ad immaginare :-) N.d.T.), non desiderate lasciare tracce della vostra "opera", sarà -meglio che evitiate il "raschiamento".

Il grimaldello a "serpente" si usa per "palpare" e per il "raschiamento"; usando quest'ultima tecnica, le protuberanze multiple di un tale utensile saranno più efficaci di un grimaldello "classico", inoltre la forma "serpentina" è la migliore per la manipolazione delle serrature e dei chiavistelli domestici a cinque pistoncini.

Il grimaldello a "serpente" può, se usato con abilità, posizionare due o tre pistoncini alla volta, in virtù del fatto che agisce come un segmento di chiave che possa essere sistemata per alzare o

GUIDA ALL'APERTURA DELLE SERRATURE A PISTONCINI CON L'USO DEL GRIMALDELLO

abbassare la sua estremità, inclinandolo variamente o usando la punta in un senso o nell'altro. Dovrete però applicare una tensione rotatoria da moderata a forte, per ottenere questo allineamento multiplo, ottenendo un risultato in tempi più brevi, ma al prezzo di lasciare tracce più evidenti.

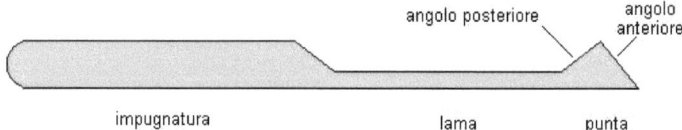

angolo posteriore   angolo anteriore

impugnatura   lama   punta

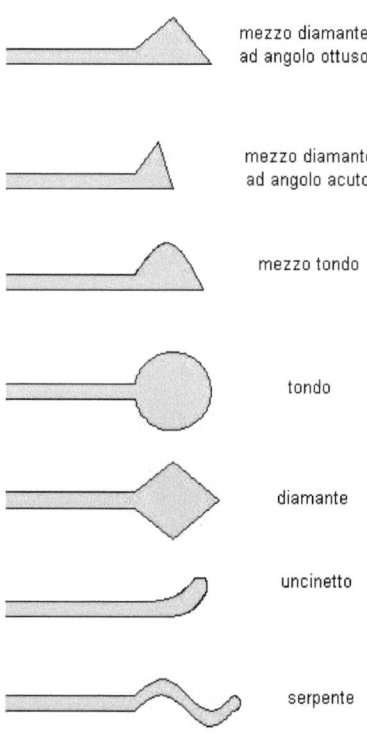

mezzo diamante ad angolo ottuso

mezzo diamante ad angolo acuto

mezzo tondo

tondo

diamante

uncinetto

serpente

GUIDA ALL'APERTURA DELLE SERRATURE A PISTONCINI CON L'USO DEL GRIMALDELLO

Disegno A1: Forme di grimaldelli

Nota: Sembra che l'utilizzo della chiave "originale", dopo una manipolazione possa cancellare del tutto o parzialmente le minuscole tracce di questa operazione su alcuni tipi di pistoncini o di serrature.

(Ciò non è sempre vero; io ritengo, infatti, che l'osservazione delle basi dei pistoncini attivi e, soprattutto, del canale di passaggio della chiave, con un microscopio stereoscopico da 10 -30 ingrandimenti, possa rivelare la manipolazione effettuata con certi tipi di grimaldello, soprattutto se, dopo tale operazione, la serratura è stata riusata molto poco. Purtroppo questo genere di osservazione costringe ad uno smontaggio piuttosto invasivo del barilotto e del cilindro e ciò non è quasi mai gradito a livello di perizia assicurativa o forense. Un tentativo di osservazione tramite fibra ottica, quindi senza smontaggio della serratura, difficilmente darà risultati inequivoci, in termine di risoluzione dell'immagine e profondità di campo (N.d.T.).

A.2 Le lamine di autospazzatrice

Le lamine d'acciaio delle spazzatrici stradali costituiscono un eccellente materiale per la realizzazione dei grimaldelli poiché, avendo lo spessore e la larghezza ottimale, è facile lavorarle dando loro la forma adatta. Gli utensili siffatti sono sufficentemente elastici e tuttavia abbastanza rigidi. Il paragrafo A.3 descrive come realizzare degli utensili meno elastici.

La prima tappa nella realizzazione di questi utensili è l'eliminazione della ruggine che fosse presente sulle lamine, con della carta

GUIDA ALL'APERTURA DELLE SERRATURE A PISTONCINI CON L'USO DEL GRIMALDELLO

abrasiva fine o con della lana d'acciaio, correggendo con una lima fine le eventuali sbavature o deformazioni.

(N.d.T.: In Italia le spazzatrici stradali non usano lamine d'acciaio ma setole artificiali. I tergicristallo delle autovetture hanno, all'interno, una lamina di acciaio di dimensioni adatte alla fabbricazione di diversi tipi di grimaldelli e tensionatori. Anche le piccole lame delle seghe a ferro usate nel modellismo, sono ugualmente adatte).

Un tensionatore ha una "testa", normalmente di dimensioni comprese fra 0,3 e 1 cm. e un "manico", lungo da 4 a 6 cm. come mostrato nel disegno A.2. Le due parti sono separate da un codolo piegato all'incirca a 80 gradi.
La testa deve essere abbastanza lunga da poter raggiungere il canale di ingresso delle serrature (per esempio, quelle che sono montate al centro di certe maniglie concave in certe serrature) e poter agire con forza sul rotore. Un manico lungo consente di controllare, con la necessaria precisione, la rotazione, ma una lunghezza esagerata rischia di essere ostacolata dallo stipite della porta.
Il manico, la testa ed il codolo possono avere dimensioni ridotte, se desiderate dissimulare facilmente l'attrezzo (ad esempio all'interno di una penna modificata, o in una fibbia di cintura).
Alcuni tensionatori sono piegati a 90 gradi, all'altezza del manico, così da controllare meglio la rotazione del barilotto, guardando il punto preciso dove il manico devia dalla posizione iniziale. Il manico funzionerà allora come una molla che agirà flessibilmente sulla rotazione. L'inconveniente di un tale metodo, però è che avrete meno "risposta" da parte del rotore quando applicherete la forza di rotazione.
Per manipolare delle serrature più complesse sarà meglio imparare ad applicare una forza progressiva attraverso un utensile rigido.

GUIDA ALL'APERTURA DELLE SERRATURE A PISTONCINI CON L'USO DEL GRIMALDELLO

Disegno A2: grimaldello tensionatore

La dimensione della testa di un tensionatore determina la finezza con cui si adatterà alla serratura. Le serrature a "gorges" (lame di codifica N.d.T.) strette (come, per esempio, quelle da ufficio) richiedono una testa sottile. Prima di curvarla, limate la lamina alla larghezza desiderata.

Un tensionatore di uso quasi universale, può essere realizzato assottigliando l'estremità della testa di circa 1mm. così da adattarla al canale di passaggio delle chiavi più piccole, mentre il resto del tensionatore sarà adatto a quelle classiche.

L'operazione che presenta le maggiori difficoltà, durante la fabbricazione di un grimaldello tensionatore, è quella di piegare la lamina d'acciaio senza spezzarla. Per realizzare la curvatura a 90, gradi vicino al manico, dovete stringere la testa della lamina in una morsa (approssimativamente per 3 cm.) usando una pinza per afferrarla a circa 1 cm. di distanza dal punto di contatto con la morsa (se non disponete della morsa, la potrete sostituire con una seconda pinza) e piegandola per 45 gradi. Controllate quindi che l'asse della parte curvata sia in linea con la parte restante e, spostando la pinza di un altro centimetro, piegate per altri 45 gradi, tenendo presente che, per ottenere una curvatura permanente ad angolo retto, dovrete superare i 90 gradi totali, a causa dell'elasticità della lamina d'acciaio

GUIDA ALL'APERTURA DELLE SERRATURE A PISTONCINI CON L'USO DEL GRIMALDELLO

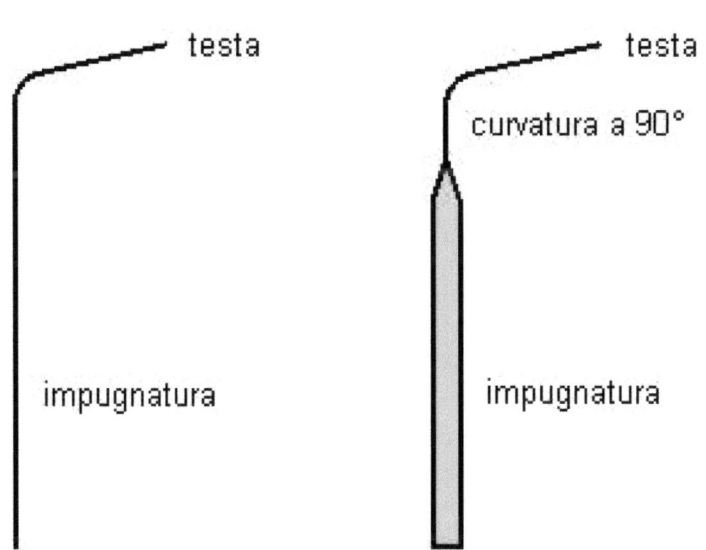

GUIDA ALL'APERTURA DELLE SERRATURE A PISTONCINI CON L'USO DEL GRIMALDELLO

Per dare alla testa una curvatura di 80 gradi, fate passare la lamina oltre la morsa di circa 1 cm. (restano dunque 2 centimetri nella morsa), poi mettete il gambo di un giravite, o una punta di trapano, a ridosso della lamina e piegatela attorno a questo fino ad un'angolo di 90 gradi, dando così al metallo una curvatura permanente di 80 gradi. Non dimenticate di controllare che l'asse dell'nclinazione sia perpendicolare al manico. La presenza del gambo del giravite, serve ad evitare che l'angolo sulla lamina sia troppo netto e causa di fratture del metallo.

Una mola elettrica è estremamente utile per la fabbricazione dei grimaldelli: Questo attrezzo richiede un certo allenamento per imparare come lavorare il metallo, ma abbrevierà enormemente il tempo necessario alla realizzazione dello strumento, rispetto a quanto occorrerebbe con una semplice lima.

Il primo passo è quello di limare l'angolo anteriore della testa del grimaldello, usando il lato piano della mola: tenete la lamina d'acciaio a 45 gradi e molatela di lato per sgrossare il metallo, lavorando poco alla volta per evitarne il surriscaldamento che ne altererebbe le caratteristiche di elasticità (immergendo periodicamente la lamina in un po' d'acqua, supererete anche questo problema N.d.T.). Se il metallo cambia colore, arrossandosi o annerendosi, significa che è stato surriscaldato e quindi la zona andrà lavorata di nuovo.

Limate poi l'angolo posteriore della testa del grimaldello usando un lato della mola (normalmente un lato della mola è più fine e l'altro è più grossolano, usate quest'ultimo per la sgrossatura) poi, mantenendo l'angolo desiderato, spostatevi sul lato più fine. La parte da limare deve essere leggermente superiore ai 2/3 della larghezza della lamina; solo se la testa del grimaldello prende la forma desiderata, continuate, altrimenti ricominciate da capo con una nuova lamina, senza tentare a tutti i costi di finire il lavoro con un pezzo oramai inservibile.

GUIDA ALL'APERTURA DELLE SERRATURE A PISTONCINI CON L'USO DEL GRIMALDELLO

La stessa mola può essere usata per tagliare il metallo alla giusta lunghezza, che deve essere adeguata a manipolare anche le serrature a sette pistoncini di sicurezza.

La troncatura deve essere effettuata in più brevi passaggi successivi. Al termine, si rifinirà il lavoro con una lima e con carta abrasiva finché, passando le dita sull'utensile, non apparirà perfettamente liscio, poiché ogni imperfezione o rugosità produrrebbe delle perturbazioni nella percezione delle sensazioni trasmesse dal grimaldello, durante la manipolazione della serratura.

Il manico dell'utensile può essere costruito a partire dalla guaina esterna di un cavo telefonico, cosparso di colla epossidica per tenerla al suo posto (io preferisco usare una penna a sfera, privata del refill e riempita di colla bicomponente, con l'aiuto di una siringa ipodermica privata dell'ago. Poi inserisco la lama metallica del grimaldello controllando che sia in asse. N.d.T.)

A.3 I raggi delle ruote di bicicletta

Una buona alternativa per costruire grimaldelli è usare dei raggi di ruota di bicicletta. Sono facilmente reperibili e una volta trattati termicamente, per temperare il metallo, saranno sufficientemente solidi e flessibili.

Piegatene uno fino alla forma desiderata e limatene i bordi fino ad appiattirli, rendendoli rigidi sull'asse verticale e flessibili sull'orizzontale.

Per i grimaldelli più piccoli, per manipolare serrature davvero minuscole, si può usare una molla di diametro opportuno, raddrizzata pazientemente e molata.

Un altro materiale adatto, può essere un semplice chiodo d'acciaio di piccolo diametro.

Per prima cosa bisogna fare in modo che il metallo sia lavorabile, rendendolo più malleabile. A questo fine lo riscalderemo, con un bruciatore a propano del tipo usato dagli idraulici, o su un fornello di cucina, fino a portarlo al colore rosso, poi lo lasceremo raffreddare lentamente.

Ora possiamo martellarlo fino ad appiattirlo come la lama di un piccolo giravite, piegandolo poi a circa 80 gradi. La curvatura non deve essere ad angolo retto, perché alcune serrature sono leggermente incassate in una placca di rifinitura (chiamata "scudo"), ed è necessario che il tensionatore penetri nel rotore della serratura per almeno un centimetro.

Ora dobbiamo temprare il grimaldello per conferirgli resistenza ed elasticità: lo riscalderemo di nuovo ma, stavolta, solo fino al colore arancio. Poi lo immergeremo bruscamente in acqua gelata.

A.4 Le bande metalliche
che imballano i laterizi

A partire dalle bande metalliche che imballano i laterizi si possono fabbricare ottimi grimaldelli di ogni tipo. Per ottenere l'angolo ottimale per l'uso nelle serrature, è possibile curvare questo materiale serrandolo in una morsa e martellandone la parte che sporge fino alla inclinazione e lunghezza desiderata.

(Se si possiede un calco della chiave originale di una certa serratura, si può usare un segmento di queste bande acciaiose, montato su una macchina per riprodurre chiavi, per ottenere una copia della stessa che basterà introdurre nel canale della chiave e, tenendola premuta sui pistoncini, muovere avanti e indietro fino ad indovinare la giusta posizione che allinea i pistoncini e che permette al rotore di girare N.d.T.)

GUIDA ALL'APERTURA DELLE SERRATURE A PISTONCINI CON L'USO DEL GRIMALDELLO

A volte però queste bande metalliche sono tanto dure da poter danneggiare una mola o una macchina per fabbricare le chiavi, pertanto, in questi casi, è preferibile usare una semplice lima a ferro per la loro lavorazione.

Appendice B

Implicazioni legali: (Nell'appendice che segue, è stato abbandonato il testo originale, redigendone uno adatto alla legislazione italiana vigente. N.d.T.)

Contrariamente ad un leggenda ben diffusa, non sempre è un reato possedere grimaldelli o altri utensili atti a forzare le serrature. Tuttavia il loro impiego può essere, sul piano legale, assimilabile ad un tentativo di furto con effrazione, o dar luogo ad un "sospetto di svaligiamento" che potrebbe anche avere ripercussioni negative sulla vostra fedina penale.
E' per questa ragione che i serraturieri prendono le opportune precauzioni e si cautelano con testimonianze, al momento della redazione di un "contratto di apertura della porta" su richiesta del cliente che abbia perduto la chiave della propria serratura. (vedi un esempio di contratto di apertura porta, liberamente scaricabile, su http://www.lockpicking.it/contratto/contratto.htm)

I seguenti articoli del Codice Penale Italiano si riferiscono all'argomento oggetto del presente manuale. Leggeteli con la dovuta attenzione!

Art 707 C.P. Possesso ingiustificato di chiavi alterate o grimaldelli.

Chiunque, essendo stato condannato per delitti determinati da

GUIDA ALL'APERTURA DELLE SERRATURE A PISTONCINI CON L'USO DEL GRIMALDELLO

motivi di lucro, o per contravvenzioni concernenti la prevenzione di delitti contro il patrimonio, o per mendicità o essendo ammonito o sottoposto a una misura di sicurezza personale o cauzione di buona condotta, è colto in possesso di chiavi alterate o contraffatte, ovvero chiavi genuine o di strumenti atti ad aprire o a sforzare serrature, dei quali non giustifichi l'eventuale destinazione, è punito con l'arresto da sei mesi a due anni.

Nota: La Corte Costituzionale, con la sentenza n°14 del 2/2/1971, ha dichiarato costituzionalmente illegittimo l'art.707, limitatamente alla parte in cui fa richiamo alle condizioni di condannato per mendicità, di ammonito, di sottoposto a misure di sicurezza personale o a cauzione di buona condotta.

Art 710 C.P. Vendita o consegna di chiavi o grimaldelli a persona sconosciuta.

Chiunque fabbrica chiavi di qualsiasi specie, su richiesta di persona diversa dal proprietario o possessore del luogo o dell'oggetto a cui le chiavi sono destinate, o da un incaricato di essi, ovvero, esercitando il mestiere di fabbro, chiavaiuolo o altro simile mestiere, consegna o vende a chicchessia grimaldelli o altri strumenti atti ad aprire o a sforzare serrature, è punito con l'arresto fino a sei mesi e con l'ammenda da lire 20.000 a 200.000.Art 711 C.P. Apertura arbitraria di luoghi o di oggetti.

Chiunque, esercitando il mestiere di fabbro, chiavaiuolo ovvero un altro simile mestiere, apre serrature o altri congegni analoghi apposti a difesa di un luogo o di un oggetto, su domanda di chi non sia a lui conosciuto come proprietario o possessore del luogo o dell'oggetto, o come un loro incaricato, è punito con l'arresto fino a tre mesi o con l'ammenda da lire 20.000 a lire 400.000.

GUIDA ALL'APERTURA DELLE SERRATURE A PISTONCINI CON L'USO DEL GRIMALDELLO

Si veda inoltre quanto scritto nell'art. 624 C.P. (furto) e l'art. 625 C.P. (circostanze aggravanti) ai punti 2, 4 e 6 .

GUIDA ALL'APERTURA DELLE SERRATURE A PISTONCINI CON L'USO DEL GRIMALDELLO